怎样学好普通话丛书

XIANGFANGYANQU
ZENYANG XUEHAO PUTONGHUA

湘方言区怎样学好普通话

教育部语言文字应用研究所
国家语委普通话与文字应用培训测试中心 组编

本册主编：陈 晖

编 写：陈 晖 刘玮娜 何好娜 黄 磊 李晖旭

审 读：陈山青

中国教育出版传媒集团 语文出版社

·北京·

图书在版编目（ＣＩＰ）数据

湘方言区怎样学好普通话 / 教育部语言文字应用研
究所，国家语委普通话与文字应用培训测试中心组编. --
北京：语文出版社，2024.11
ISBN 978-7-5187-1660-9

Ⅰ. ①湘… Ⅱ. ①教… ②国… Ⅲ. ①普通话－自学
参考资料 Ⅳ. ①H102

中国国家版本馆CIP数据核字(2023)第001596号

责任编辑	盛艳玲	
装帧设计	刘姗姗	
出　　版	语文出版社	
地　　址	北京市东城区朝阳门内南小街51号　　100010	
电子信箱	ywcbsywp@163.com	
排　　版	北京九章文化有限公司	
印刷装订	北京鑫海金澳胶印有限公司	
发　　行	语文出版社　新华书店经销	
规　　格	890mm×1240mm	
开　　本	A5	
印　　张	8	
字　　数	199千字	
版　　次	2024年11月第1版	
印　　次	2024年11月第1次印刷	
定　　价	38.00元	

📞 010-65253954(咨询) 010-65251033(购书) 010-65250075(印装质量)

　　我国宪法规定：国家推广全国通用的普通话。

　　新中国成立以来，在党中央、国务院坚强领导下，普通话推广工作蓬勃发展，取得举世瞩目的成就。2020年全国普通话普及率超过80%，实现了普通话在全国范围内基本普及、语言交际障碍基本消除的历史性目标。新时代新征程，坚定不移推广普及国家通用语言文字，向着全面普及的新目标稳步迈进，要聚焦重点，精准施策，着力解决推广普及不平衡不充分问题，不断提升国家通用语言文字普及程度和质量。为更好满足广大群众学习普通话、提高普通话水平的需求，教育部语言文字应用研究所、国家语委普通话与文字应用培训测试中心联合语文出版社，精心策划和组织编写了这套"怎样学好普通话丛书"。

　　本丛书是一套基础性、大众化的普通话学习用书，包括系统描述普通话语音、词汇、语法等知识的基础读本，以及针对不同方言区的专用读本。在保证内容表述科学规范的前提下，力求语言平实、深入浅出、通俗易懂。没有语言学专业基础的读者，通过学习基础读本，能够对普通话特别是普通话语音有比较系统的了解。不同方言区的读者，通过学习专用读本，可以比较熟练地掌握普通话与方言的对应规律，针对学习重点与难点进行练习，更快更好地提高普通话水平。

应邀参加本丛书编写、审读的专家学者，既有享有盛誉的著名语言学家，也有学有专长的知名专家和优秀青年学者。他们长期从事普通话教育教学及研究，具有扎实的专业理论功底和丰富的实践经验，对推广普通话满怀热忱，对编写和审读工作精益求精，保证了本丛书的科学性、专业性和实用性。谨向他们表示敬意和感谢！

教育部语言文字应用研究所
国家语委普通话与文字应用培训测试中心

| 目 录 |

绪 论 湘方言使用情况   1

一、湘方言的分布情况   1

（一）湖南省内湘方言的分布情况   1

（二）湖南省外湘方言的分布情况   2

二、湘方言的区划   3

第一章 湘方言区学习普通话语音的重点与难点   5

一、声母   5

（一）掌握普通话的清声母   6

（二）掌握普通话的送气音声母和不送气音声母   11

（三）掌握普通话的 zh、ch、sh   15

（四）掌握普通话的 r   24

（五）掌握普通话的 j、q、x   27

（六）掌握普通话的 n、l   32

（七）掌握普通话的 f、h   37

（八）掌握普通话的零声母 41

二、韵母 44

（一）掌握普通话的单元音韵母 e 45

（二）掌握普通话的单元音韵母 u 48

（三）掌握普通话的单元音韵母 ü 50

（四）掌握普通话的单元音韵母 er 54

（五）掌握普通话的复元音韵母 55

（六）掌握普通话的鼻韵母 67

三、声调 83

（一）普通话声调 83

（二）湘方言声调 85

（三）湘方言区怎样学习普通话声调 87

（四）声调训练 104

四、音变 115

（一）轻声 115

（二）上声的变调 126

（三）"一"和"不"的变调 131

（四）形容词重叠形式的变调 135

（五）儿化 137

（六）语气词"啊"的音变 144

第二章 湘方言与普通话词汇使用的主要差异 164

一、最易出错的词汇表达 165

（一）"子"尾词 165

（二）"首 / 场 / 头"尾词 170

（三）"巴子"尾词　　　　　　　　　　　173

（四）亲属称谓词　　　　　　　　　　　174

（五）"小"类称谓词　　　　　　　　　175

（六）状态形容词　　　　　　　　　　　176

（七）程度副词　　　　　　　　　　　　178

（八）否定副词　　　　　　　　　　　　180

（九）程度副词与否定副词连用形式　　　181

（十）介词　　　　　　　　　　　　　　182

（十一）量词　　　　　　　　　　　　　184

二、湘方言与普通话词汇对照表　　　　　188

第三章　湘方言与普通话语法使用的主要差异　　193

一、最易出错的语法表达　　　　　　　　193

（一）语序　　　　　　　　　　　　　　193

（二）被动句　　　　　　　　　　　　　196

（三）处置句　　　　　　　　　　　　　198

（四）否定结构　　　　　　　　　　　　199

（五）"得"字句　　　　　　　　　　　201

（六）比较句　　　　　　　　　　　　　203

二、湘方言与普通话语法差异对照表　　　205

第四章　朗读和说话训练　　　　　　　　　208

一、朗读训练　　　　　　　　　　　　　208

（一）湘方言区学习者朗读时容易出现的问题　　209

（二）湘方言区学习者朗读辨正训练　　　217

（三）朗读训练　　　　　　　　　　228

二、说话的要求与技巧　　　　　　　233

（一）说话的基本要求　　　　　　233

（二）说话的技巧　　　　　　　　237

参考文献　　　　　　　　　　　　　243

绪 论
湘方言使用情况

湘方言是汉语大区方言之一，是湖南最具代表性的一种方言。湖南境内除湘方言外，还有西南官话、赣方言、客家话以及系属尚未确定的湘南土话和湘西乡话等多种汉语方言。湖南各方言中，湘方言分布地域最广，使用人口最多。

一、湘方言的分布情况

湘方言主要分布在湖南的湘江、资江流域，以及沅江中游少数地区。与湖南相邻的广西壮族自治区也有部分湘方言点，此外，四川、陕西等省也有湘方言零散分布。

（一）湖南省内湘方言的分布情况

湘江发源于广西壮族自治区东北海洋山西麓的海洋坪，入湖南后，一路北去直至流入洞庭湖。干流全长 856 千米，汇集各支流，整个流域面积为 94660 平方千米。分布在湘江流域的湘方言点较多：

长沙、株洲、湘潭、宁乡、湘阴、汨罗、平江_{岑川镇等地}——湘江下游一带。

浏阳_{西部}——湘江支流浏阳河流域。

衡阳、衡南、衡东、衡山、南岳、祁阳、祁东——湘江中游一带。

湘乡、双峰、娄底、涟源——湘江较大支流涟水流域。

东安、冷水滩_{部分地区}——湘江上游一带。

道县、江永、江华等县部分地区——湘江较大支流潇水流域。

资江西源赧水发源于城步苗族自治县北，南源夫夷水发源于广西资源县南，二水在邵阳县汇合，经新化、安化、益阳等县市，最后注入洞庭湖。全长653千米，汇集各支流，整个流域面积为28142平方千米。分布在资江流域的湘方言点也不少：

益阳——资江下游一带。

安化、桃江、新化、冷水江——资江中游一带。

城步、武冈、洞口_{东部}、邵阳、邵东、新邵、隆回_{南部}——资江上游一带。

沅江发源于贵州南部，源出都匀市云雾山，流经湖南，最后注入洞庭湖。全长1033千米，流经湘境的有568千米，整个流域面积为89163平方千米，约54%在湖南境内。分布在沅江流域的湘方言点较少：

辰溪、泸溪、溆浦——沅江中游一带。

会同、绥宁_{南部}——沅江中上游一带。

此外，南县、沅江和岳阳_{部分}分布在洞庭湖之滨。

（二）湖南省外湘方言的分布情况

湖南省外的湘方言主要分布在广西、四川和陕西南部等地。

广西的湘方言与湖南南部的湘方言连成一片，主要分布在桂北的全州、兴安、灌阳、资源四县。其中全州、兴安、灌阳在湘江上游一带，资源在资江上游一带。全州、兴安、灌阳、资源四县地理位置上与湖南南部湘方言区相邻，行政区划上自秦汉以来曾长时间隶属湖南，人口也大多来自湖南，因此这一带的湘方言与湖南省内的湘方言有着密切的地缘关系和悠久的历史渊源。

湘方言在四川的分布，据崔荣昌《四川方言与巴蜀文化》（1996）一书介绍，已达到 45 个县市。这些方言点集中在四川盆地中部、东北部，散布在沱江、涪江、长江和嘉陵江沿岸，是明清两代湖南湘方言区乡民移居四川而形成的。

湘方言在陕西南部的分布，主要在陕南安康中部靠西北方向的汉阴、石泉以及相连的汉滨区后山地带的部分相对封闭的村镇（周政，2011）。陕西安康湘方言形成于清代湖广大移民的湖南移民。

二、湘方言的区划

湘方言内部有较大差异。同是湘方言，不同地域之间有的差异大到无法用方言沟通交流。相对来说，湘北一带的湘方言，与普通话的差异要小一些，湘中、湘南一带的湘方言，与普通话的差异很大。为了便于湘方言区不同地域的人有针对性地克服方音，从而更有效地学习普通话，我们首先介绍湘方言内部的分区分片情况。

根据湘方言的语音特点，并结合人文、历史、地理等因素，湖南省内的湘方言可以分为 5 个片区：长益片，娄邵片，衡州片，辰溆片，永州片。其中，长益片和娄邵片范围较大。具体见下表：

表 0-1　湘方言的"片-小片-点"区划表

方言片	方言小片	方言点
长益片	长株潭小片	长沙市、长沙县、宁乡市下宁乡、湘阴县、汨罗市、南县、株洲市、湘潭市、湘潭县、安乡县部分、浏阳市西部、平江县岑川镇等地
	益沅小片	益阳市、沅江市、桃江县
	岳阳小片	岳阳县荣家湾

方言片	方言小片	方言点
娄邵片	湘双小片	湘乡市、双峰县、韶山市、娄底市、衡山县后山、安化县东坪
	涟梅小片	涟源市、安化县梅城、宁乡市上宁乡、冷水江市东部
	新化小片	新化县、冷水江市除东部以外地区
	邵武小片	邵阳市、邵阳县、武冈市、邵东市、新邵县、隆回县南部、洞口县部分、新宁县、城步苗族自治县
	绥会小片	绥宁县南部、会同县
衡州片	衡阳小片	衡阳市、衡阳县、衡南县
	衡山小片	衡山县前山、衡东县、南岳区
辰溆片		辰溪县、泸溪县、溆浦县
永州片	东祁小片	东安县部分、冷水滩区部分、零陵区部分、祁阳市、祁东县
	道江小片	道县部分、江永县部分、江华瑶族自治县部分、新田县部分

| 第一章 |
湘方言区学习普通话语音的重点与难点

一、声母

普通话的声母包括零声母在内，一共 22 个，其中辅音声母 21 个：

b	p	m	f
d	t	n	l
g	k		h
j	q		x
zh	ch	sh	r
z	c		s

以上普通话的声母，湘方言区大部分地区都有的共 17 个：b、p、m、f、d、t、n、l、g、k、h、j、q、x、z、c、s。这些声母的发音与普通话大致相同，湘方言区学习者学习普通话时较容易掌握。翘舌音 zh、ch、sh、r，湘方言区大部分地区没有，是湘方言区学习者学习普通话声母时发音上的难点。

此外，湘方言区大部分地区有舌根鼻音声母 ng，部分地区有浊声母（书中浊声母用其相应的清声母加""表示）b″/d″/g″/j″/z″/h″/x″/s″，还有小部分地区有双唇擦音声母 ɸ。普通话中没有这些声母，克服这些方音，也是湘方言区学习者学习普通话声母时发音上的难点。

　　湘方言区学习者学习普通话声母时不仅存在发音上的难点，同时也存在正音上的难点，即不知道某些字词在普通话中声母读什么。普通话和湘方言发音上相同的声母，其所辖字存在差异。上述普通话和湘方言共有的 17 个声母，除 m 声母所辖字基本一致外，其他声母所辖字，湘方言与普通话都存在一定出入。如普通话中"八 bā""步 bù"的声母都为清音 b，而湘方言区有浊音的地区前字声母为清音 b，后字声母为浊音 b″；普通话中"盘 pán""谈 tán""钱 qián"的声母为送气音 p、t、q，而湘方言中为不送气音 b、d、j；普通话中"蓝 lán""龙 lóng"的声母为 l，"南 nán""农 nóng"的声母为 n，而湘方言中这 4 个字的声母或都为 l，或都为 n；普通话中"风 fēng"的声母为 f，"花 huā"的声母为 h，而湘方言区部分地区前字声母为 h，后字声母为 f，或者两字声母都为 h；普通话中"界 jiè""姐 jiě"的声母都为 j，而湘方言区不少地方前字声母为 g，后字声母为 j 或 z。

　　至于普通话中有而湘方言中没有的 zh、ch、sh、r，情况更为复杂，大部分地区 zh、ch、sh 读为 z、c、s，小部分地区读为 j、q、x，还有部分地区部分字读为 d、t；r 则多被读为 n、l 或零声母。

　　总的来说，避免把普通话的清声母读为浊声母，分清不送气与送气声母 b-p、d-t、g-k、j-q、zh-ch、z-c，区分 f-h、n-l，掌握翘舌音声母 zh、ch、sh、r 等，是湘方言区学习者学习普通话声母的重点和难点。

（一）掌握普通话的清声母

　　清声母发音时声带不振动，普通话中 b、p、f、d、t、g、k、h、j、q、x、zh、ch、sh、z、c、s 都是清声母。浊声母发音时声带振动，普通话中只有 m、n、l、r 等 4 个浊声母。

湘方言区有些地方成系统地存在浊声母，"病"（b″）、"定"（d″）、"共"（g″）、"谢"（j″）、"字"（z″）、"顺"（x″）等字的声母都为浊音，与普通话中的 b、d、g、j、z、x 发音不同，湘方言区学习者学习这些字时要避免读为浊声母。

湘方言中系统地存在浊声母的地区主要有湘乡市、双峰县、安化县东坪、新化县、冷水江市、邵阳市、邵东市、武冈市、新宁县、隆回县、城步苗族自治县、辰溪县、溆浦县、祁东县、祁阳市等。为避免把普通话中的清声母读为浊声母，应注意以下问题：

1. 了解易错读为浊声母的字有哪些，掌握它们在普通话中的读音

普通话中的 p、t、k、q、ch、c，湘方言区普通话学习者易错读为浊音。这些字在普通话中声调多为阳平。例如：

爬	排	盘	旁	袍	培	盆	朋	疲
便~宜	瓢	贫	婆	蒲	台	谈	堂	桃
腾	题	甜	条	庭	同	头	图	团
臀	狂	逵	葵	齐	奇~怪	钳	墙	桥
樵	秦	晴	穷	求	渠	全	瘸	群
茶	柴	缠	长~短	巢	朝~东	呈	迟	重~新
绸	除	传~统	床	锤	才	裁	蚕	惭
藏躲~	层	曾~经	词	瓷	丛	存		

普通话中的 b、d、g、j、zh、z，湘方言区普通话学习者易错读为浊音。这些字在普通话中声调多为去声。例如：

败	伴	傍	抱	暴	倍	陛	便方~	并
病	薄~荷	部	大	代	诞	宕	道	弟
电	定	动	豆	杜	段	盾	舵	共
柜	技	剂	贱	匠	轿	尽	静	就

舅	聚	倦	菌	寨	栈	丈	召	阵
治	痔	重~量	苎	助	传自~	赚	状	坠
在	暂	脏内~	藏宝~	自	字	罪	座	

普通话中的 f、h、x、sh、s，湘方言区普通话学习者易错读为浊音。这些字在普通话中声调多为阳平、去声。例如：

烦	饭	房	肥	坟	分过~	冯	逢	凤
奉	符	父	孩	害	含	旱	河	鹤
痕	很	恨	喉	厚	胡	还~钱	患	幌
回	会	或	下	嫌	现	详	降投~	项
巷	象	效	谢	形	徐	序	寻	殉
善	上	韶	蛇	社	谁	神	甚	绳
时	事	匙钥~	受	树	似	寺	饲	诵
颂	俗	随	遂	穗				

2. 掌握清、浊声母发音上的主要差异，避免把清音错读为浊音

清、浊声母的差异主要在发音时声带是否振动。一般来说，发音时喉肌越松弛，声带便越容易振动。如果颈部肌肉紧张，就会牵制喉肌，阻碍声带的振动。因此，易把普通话清声母发为浊声母的人，练习时需注意颈部肌肉不宜太松弛。

学习者可以通过与方言中同部位清声母的对比练习，来避免将清声母错读为浊声母。例如，湘乡市、双峰县等上述湘方言点"道"易读为浊音 d″，而"到"一般读清声母 d，可以通过对比"道—到"的发音差异来避免将"道"错读为浊音。

也可以利用读准普通话的声调来避免将清声母错读为浊声母。浊声母往往与低调相伴相随，在高调中较容易清化。湘方言中读浊音的字在普通话中声调一般为阳平或去声，阳平是高升调，去声是高降调，学习者可以通过读准这些字的普通话声调来避免将其错读为浊音。

3.朗读训练

（1）对比练习

提示：下面的对比字，前字、后字的声母普通话中都为清音，湘方言区部分地区普通话学习者易将前字声母错读为浊音。练习时要多加注意。

罢 bà—八 bā　　　　　　败 bài—百 bǎi

办 bàn—般 bān　　　　　棒 bàng—帮 bāng

爬 pá—怕 pà　　　　　　朋 péng—烹 pēng

皮 pí—披 pī　　　　　　婆 pó—坡 pō

饭 fàn—番 fān　　　　　肥 féi—非 fēi

焚 fén—纷 fēn　　　　　父 fù—夫 fū

大 dà—打 dǎ　　　　　　代 dài—带 dài

荡 dàng—当 dàng　　　　地 dì—低 dī

台 tái—胎 tāi　　　　　谈 tán—滩 tān

塘 táng—汤 tāng　　　　同 tóng—通 tōng

共 gòng—公 gōng　　　　跪 guì—圭 guī

狂 kuáng—匡 kuāng　　　葵 kuí—亏 kuī

件 jiàn—兼 jiān　　　　旧 jiù—九 jiǔ

及 jí—急 jí　　　　　　捷 jié—接 jiē

前 qián—千 qiān　　　　墙 qiáng—枪 qiāng

桥 qiáo—巧 qiǎo　　　　球 qiú—秋 qiū

贤 xián—显 xiǎn　　　　项 xiàng—香 xiāng

序 xù—需 xū　　　　　　学 xué—靴 xuē

才 cái—采 cǎi　　　　　蚕 cán—参 cān

曹 cáo—草 cǎo   从 cóng—聪 cōng

寺 sì—司 sī   诵 sòng—松 sōng

俗 sú—粟 sù   遂 suì—虽 suī

（2）词语练习

提示：下列词语中，加点字的声母湘方言区部分地区普通话学习者易错读为浊音。

部件 bùjiàn	罢工 bàgōng	陛下 bìxià	被子 bèizi
怀抱 huáibào	辨认 biànrèn	伴侣 bànlǚ	爬行 páxíng
枇杷 pípa	葡萄 pútao	婆婆 pópo	排队 páiduì
打牌 dǎpái	陪伴 péibàn	诞辰 dànchén	道路 dàolù
稻谷 dàogǔ	子弹 zǐdàn	啼哭 tíkū	师徒 shītú
路途 lùtú	糊涂 hútu	图章 túzhāng	苔藓 táixiǎn
抬脚 táijiǎo	骆驼 luòtuo	技术 jìshù	巨大 jùdà
具体 jùtǐ	舅舅 jiùjiu	念旧 niànjiù	桥墩 qiáodūn
钱财 qiáncái	家眷 jiājuàn	渠道 qúdào	荞麦 qiáomài
求救 qiújiù	茄子 qiézi	禽兽 qínshòu	情感 qínggǎn
贫穷 pínqióng	其他 qítā	县城 xiànchéng	序言 xùyán
寻常 xúncháng	详细 xiángxì	旋转 xuánzhuǎn	雄伟 xióngwěi
酷刑 kùxíng	幸运 xìngyùn	帮助 bāngzhù	侗寨 dòngzhài
骤然 zhòurán	坠落 zhuìluò	客栈 kèzhàn	性状 xìngzhuàng
茶叶 cháyè	除夕 chúxī	池塘 chítáng	潮湿 cháoshī
丝绸 sīchóu	铁锤 tiěchuí	厨房 chúfáng	传承 chuánchéng
蟒蛇 mǎngshé	神仙 shénxiān	绳子 shéngzi	桑葚 sāngshèn
表示 biǎoshì	剩下 shèngxià	字词 zìcí	自动 zìdòng
在乎 zàihū	暂时 zànshí	犯罪 fànzuì	座位 zuòwèi

宝藏 bǎozàng　内脏 nèizàng　人才 réncái　瑕疵 xiácī

蚕丝 cánsī　　词语 cíyǔ　　惭愧 cánkuì　残存 cáncún

曾经 céngjīng　丛林 cónglín　寺院 sìyuàn　子嗣 zǐsì

饲料 sìliào　　相似 xiāngsì　顺遂 shùnsuì　隧道 suìdào

（二）掌握普通话的送气音声母和不送气音声母

普通话的送气音声母包括 p、t、k、q、ch、c，这些声母发音时气流较强，如"怕 pà""课 kè""茶 chá"等字的声母；不送气音声母包括 b、d、g、j、zh、z，这些声母发音时气流较弱，如"八 bā""个 gè""在 zài"等字的声母。b–p、d–t、g–k、j–q、zh–ch、z–c 这 6 组同部位声母构成不送气与送气的对立。

这 6 组声母在湘方言区大部分地区存在读音相混的情况。如普通话的"爬 pá""台 tái"在长沙话中声母为不送气音 b、d，普通话的"别 bié""碟 dié"在长沙话中声母为送气音 p、t。要解决湘方言中送气与不送气音相混给学习普通话带来的问题，应特别注意以下几点：

1. 了解送气音与不送气音容易相混的字有哪些，掌握它们在普通话中的读音

普通话中的 p、t、k、q、ch、c，湘方言区普通话学习者易错读为 b、d、g、j、zh、z。这些字在普通话中的声调绝大多数是阳平。例如：

pá 杷爬琶　　　　　pái 排牌　　　　　pán 盘

páng 庞旁膀~胱螃　　páo 刨袍　　　　péi 陪培赔裴

pén 盆　　　　　　péng 蓬篷彭膨朋鹏棚　pí 疲脾琵枇

pián 便~宜　　　　　piáo 瓢嫖　　　　pín 贫频

píng 平坪评苹萍瓶屏凭　pó 婆　　　　　pú 蒲脯菩葡

tái 抬苔~藓臺　　　tán 坛谈弹~簧痰谭潭檀　táng 唐堂棠塘糖螳

táo 桃逃淘陶萄	téng 疼腾誊藤	tí 提啼题蹄
tián 田甜填	tiáo 条调~整	tíng 廷亭庭停蜓
tóng 同铜桐童瞳	tóu 头投	tú 图徒途涂屠
tuán 团	tuí 颓	tún 屯豚臀
tuó 驮驼	kuáng 狂	kuí 逵葵
qí 祁岐其奇歧祈骑棋旗鳍麒	qián 虔钳乾潜	qiáng 强~大
qiáo 乔侨荞桥樵	qín 芹琴禽勤擒	qíng 擎
qióng 穷琼	qiú 求球	qú 渠瞿
quán 权颧	qué 瘸	qún 裙群
chá 茬茶查搽	chái 柴	chán 谗馋禅缠蝉蟾
cháng 长场~院肠尝常偿	cháo 巢朝~代潮	chén 臣尘辰沉陈晨
chéng 成丞呈诚承城盛~饭程	chí 池驰迟持踟	chóng 重~复
chóu 仇绸酬稠愁筹	chú 除厨锄雏橱	chuán 传椽
chuáng 床	chuí 垂槌锤	chún 纯鹑醇
cái 才材财裁	cán 残蚕惭	cáng 藏收~
cén 岑	céng 层曾~经	cí 瓷慈磁鹚糍
cóng 丛	cún 存	

普通话中的 b、d、g、j、zh、z，湘方言区普通话学习者易错读为 p、t、k、q、ch、c。这些字在普通话中的声调绝大多数也是阳平，但从来源上看，绝大多数都是古代的入声字（参见附录 3 古入声字普通话读音表）。例如：

bá 跋	bái 白	báo 雹
bó 勃薄单~泊帛饽	dí 笛敌狄荻涤	dié 叠碟蝶谍
dú 独读牍犊毒	duó 夺铎踱	jí 及极
jié 杰竭	zhá 闸炸~豆腐铡	zhái 宅
zhé 辙折~叠	zhí 侄植殖	zhuó 镯

zá 杂砸   záo 凿   zé 泽择

zéi 贼   zú 族   zuó 昨

2. 掌握送气音与不送气音的发音要领及主要差异

送气音比不送气音的气流要强而且持久。发送气音时，从肺部呼出的气流较强；发不送气音时，从肺部呼出的气流较弱。送气音可以用吹蜡烛的方式来练习：点一支蜡烛，放在距离练习者大约 20 厘米处，当发送气音时，口腔中会有较强的气流冲出，蜡烛火苗会摇曳；当发不送气音时，蜡烛火苗则不会有明显的变化。

b–p、d–t、g–k、j–q、z–c 这 5 组声母，湘方言区大部分地区都有，这些声母的发音不存在大问题；zh–ch 这组声母，湘方言区大部分地区没有，关于其发音，本书后面部分将详细介绍。

3. 朗读训练

（1）对比练习

b–p：拔 bá—爬 pá   白 bái—排 pái   雹 báo—袍 páo

    勃 bó—婆 pó

d–t：笛 dí—题 tí   碟 dié—田 tián   读 dú—图 tú

    夺 duó—驼 tuó

g–k：逛 guàng—狂 kuáng   跪 guì—葵 kuí

j–q：及 jí—齐 qí   杰 jié—茄 qié   局 jú—渠 qú

    掘 jué—瘸 qué

z–c：在 zài—才 cái   咱 zán—蚕 cán   凿 záo—曹 cáo

    泽 zé—册 cè

zh–ch：闸 zhá—查 chá   宅 zhái—柴 chái   侄 zhí—池 chí

     蜇 zhé—彻 chè

（2）词语练习

跋扈 báhù	白班 báibān	伯伯 bóbo	冰雹 bīngbáo
爬行 páxíng	排班 páibān	婆婆 pópo	平抛 píngpāo
答题 dátí	灯台 dēngtái	敌对 díduì	读图 dútú
笛子 dízi	台灯 táidēng	田地 tiándì	荼毒 túdú
籍贯 jíguàn	集合 jíhé	局促 júcù	菊花 júhuā
奇怪 qíguài	桥梁 qiáoliáng	求救 qiújiù	渠道 qúdào
革职 gézhí	格外 géwài	隔壁 gébì	巩固 gǒnggù
国库 guókù	狂吃 kuángchī	回馈 huíkuì	葵花 kuíhuā
杂点 zádiǎn	贼寇 zéikòu	族长 zúzhǎng	昨夜 zuóyè
磁铁 cítiě	才干 cáigàn	存在 cúnzài	惭愧 cánkuì
折扣 zhékòu	直快 zhíkuài	直至 zhízhì	职称 zhíchēng
迟到 chídào	橱柜 chúguì	茶匙 cháchí	绸缎 chóuduàn

（3）绕口令练习

伯伯买饽饽

白伯伯，彭伯伯，饽饽铺里买饽饽。

白伯伯买的饽饽大，彭伯伯买的大饽饽。

拿到家里给婆婆，婆婆又去比饽饽。

不知白伯伯买的饽饽大，还是彭伯伯买了个大饽饽。

大兔子和大肚子

大兔子，大肚子，

大肚子的大兔子，

要咬大兔子的大肚子。

哥挎瓜筐过宽沟

哥挎瓜筐过宽沟，赶快过沟看怪狗。

光看怪狗瓜筐扣，瓜滚筐空哥怪狗。

七巷漆匠和西巷锡匠

七巷一个漆匠，西巷一个锡匠。

七巷漆匠用了西巷锡匠的锡，

西巷锡匠拿了七巷漆匠的漆，

七巷漆匠气西巷锡匠用了漆，

西巷锡匠讥七巷漆匠拿了锡。

朱叔锄竹笋

朱家一株竹，竹笋初长出，

朱叔处处锄，锄出笋来煮，

锄完不再出，朱叔没笋煮，竹株又干枯。

做早操

早晨早早起，早起做早操。

人人做早操，做操身体好。

（三）掌握普通话的 zh、ch、sh

普通话的 zh、ch、sh 为舌尖后音声母，又叫翘舌音声母。

湘方言区大部分地区都没有翘舌音声母 zh、ch、sh，如汨罗市、株洲市、南县、益阳市、沅江市、桃江县、娄底市、安化县梅城、涟源市、冷水江市、邵阳市、武冈市、邵东市、新宁县、隆回县、城步苗族自治县、绥宁县、衡阳市、衡山县、衡东县、祁阳市、祁东县等地。

少数地区有翘舌音声母 zh、ch、sh，如长沙市、长沙县、宁乡市、湘潭市、湘潭县、韶山市、湘阴县、安化县东坪、湘乡市、双峰县、新化县、邵阳县、辰溪县、溆浦县、泸溪县、会同县等地。这些地区虽有 zh、ch、sh，但发音部位比普通话略靠前，所辖字与普通话也有所不同。

zh、ch、sh 在湘方言区普通话学习者口中常被错读为 z、c、s 或 j、q、x 以及 d、t 等声母。

1. 掌握普通话中哪些字读 zh、ch、sh

汉字中有大量的形声字。凡声旁相同的字，它们的声母或者声母的发音部位往往相同，可以通过记住 zh、ch、sh 的声旁代表字，类推记住同偏旁的一大批字。例如，记住了"章 zhāng"的声母为 zh，便可以类推出以"章"做声旁的"彰樟蟑 zhāng；障嶂幛瘴 zhàng"等字的声母都为 zh。也可以利用声韵母配合规律，如普通话中 z、c、s 不与韵母 ua、uai、uang 相拼，所以"抓、刷、拽、踹、帅、装、窗、双"等字的声母都应该读为翘舌音。此外，就湘方言区普通话学习者而言，还应特别注意：

（1）记住普通话中读 z、c、s 声母的字

普通话中声母为 zh、ch、sh 的字，有的在湘方言区读为 z、c、s。容易把 zh、ch、sh 错读成 z、c、s 的人，应想办法穷尽性地记住普通话中读 z、c、s 的字，不属于普通话中读 z、c、s 的，就不要读成 z、c、s。

普通话中，读 z、c、s 的字比读 zh、ch、sh 的字要少得多。2013年国务院公布实施的《通用规范汉字表》，其中一级字表为常用字集，收字 3500 个，主要满足基础教育和文化普及的基本用字需要。（下文

所举《通用规范汉字表》指的就是《通用规范汉字表》中的一级字表，不再一一说明。）现把《通用规范汉字表》中声母为 z、c、s 的字举例如下，方便练习。

z 声母字：

zā 扎~染，zá 杂砸，zǎ 咋，zāi 灾栽哉，zǎi 仔打工~载记~宰，zài 再在载~重，zán 咱，zàn 暂赞，zāng 赃脏~话，zàng 脏心~葬，zāo 遭糟，záo 凿，zǎo 早枣澡蚤藻，zào 皂灶造噪燥躁，zé 则责择泽，zéi 贼，zěn 怎，zēng 增憎，zèng 赠，zī 咨姿资滋兹，zǐ 子姊籽紫，zì 自字，zōng 宗综棕踪，zǒng 总，zòng 纵，zǒu 走，zòu 奏揍，zū 租，zú 足族卒，zǔ 阻组祖，zuān 钻~研，zuàn 钻~石，zuǐ 嘴，zuì 最罪醉，zūn 尊遵，zuó 昨，zuǒ 左佐，zuò 作~业坐座做

c 声母字：

cā 擦，cāi 猜，cái 才材财裁，cǎi 采彩睬踩，cài 菜蔡，cān 参~加餐，cán 残蚕惭，cǎn 惨，càn 灿，cāng 仓苍沧舱，cáng 藏~躲，cāo 操糙，cáo 曹槽，cǎo 草，cè 册厕侧测策，cēn 参~差，céng 层曾，cèng 蹭，cí 词祠瓷辞慈磁雌，cǐ 此，cì 次刺赐伺~候，cōng 匆囱葱聪，cóng 从丛，còu 凑，cū 粗，cù 促醋簇，cuàn 窜篡，cuī 崔催摧，cuì 脆悴粹翠，cūn 村，cún 存，cùn 寸，cuō 搓撮~合，cuò 挫措错

s 声母字：

sā 撒，sǎ 洒撒播~，sà 萨，sāi 腮塞~子，sài 赛塞~外，sān 三叁，sǎn 伞散零~，sàn 散~会，sāng 桑，sǎng 嗓，sàng 丧~失，sāo 搔骚臊~味，sǎo 嫂扫~除，sào 臊害~扫~帚，sè 色涩瑟塞闭~，sēn 森，sēng 僧，sī 司丝私思撕斯嘶，sǐ 死，sì 巳四寺饲肆祀伺~机，sōng 松，sǒng 耸，sòng 讼宋送诵颂，sōu 搜艘，sòu 嗽，sū 苏酥，sú 俗，sù 诉肃素速粟塑溯，suān 酸，suàn 蒜算，suī 虽，suí 隋随遂半身不~，suǐ 髓，suì 岁碎隧穗祟遂，sūn 孙，sǔn 损笋，suō 梭缩唆嗦，suǒ 所索琐锁

（2）注意易错读为 j、q、x 声母的字

普通话声母为 zh、ch、sh 的字，有的在湘方言区读为 j、q、x。这种情况在长沙市、长沙县、宁乡市下宁乡、湘阴县、汨罗市、株洲市、湘潭市、湘潭县、南县、益阳市、沅江市、桃江县等长益片地区较突出。易错读为 j、q、x 的，主要是韵母为 u 或 u 起头的合口呼音节。下面例字，普通话都是 zh、ch、sh 与合口呼韵母相拼，上述湘方言地区普通话学习者常错读成 j、q、x 与撮口呼韵母（即 ü 或 ü 起头的韵母）相拼。

现把易错读为 j、q、x 声母的 zh、ch、sh 声母字列举如下：

zh 声母字：

zhū 朱株珠蛛诛诸猪　　zhǔ 主煮嘱　　　　zhù 注蛀驻贮箸铸住柱

zhuān 专砖　　　　　　zhuǎn 转~身　　　　zhuàn 传~记转~圈子赚撰篆

zhuāng 庄桩装　　　　 zhuàng 壮状撞　　　zhuī 追椎锥

zhuì 坠缀赘　　　　　　zhǔn 准

ch 声母字：

chū 出　　　　　　　　chú 除厨橱蹰　　　　chǔ 处~理杵储

chù 处~所　　　　　　 chuài 踹　　　　　　chuān 川穿

chuán 传~达船椽　　　　chuǎn 喘　　　　　　chuàn 串

chuāng 窗　　　　　　 chuáng 床　　　　　　chuǎng 闯

chuàng 创　　　　　　 chuī 吹炊　　　　　　chuí 垂捶锤

chūn 春椿　　　　　　 chún 纯唇淳醇　　　　chǔn 蠢

sh 声母字：

shū 书枢殊舒输　　　　shǔ 暑署蜀鼠薯曙　　shù 术述树竖恕

shuā 刷　　　　　　　 shuāi 衰　　　　　　shuǎi 甩

shuài 帅率~领蟀　　　　shuān 闩拴　　　　　shuàn 涮

shuāng 双霜　　　　　 shuǎng 爽　　　　　　shuí 谁

shuǐ 水　　　　shuì 税睡　　　　shùn 顺舜

shuō 说

（3）注意易错读为 d、t 等声母的字

普通话中部分声母为 zh、ch、sh 的字在湘乡市、韶山市、双峰县、娄底市、涟源市、安化县梅城、邵东市、会同县、衡山县、衡东县等地读为 d、t 或相近的 d、t 类声母。下面将说湘乡话的普通话学习者易把普通话中 zh、ch、sh 错读为 d、d″、t 的字列举如下。

普通话中 zh、ch、sh 易错读为 d 或浊音 d″ 的字：

张	章	樟	蟑	长~大	涨	掌	丈 仗
杖	障	瘴	招	昭	召	诏	照 兆
赵	遮	折~断	哲	者	浙	蔗	贞 侦
针	真	斟	诊	疹	枕	振	震 镇
正~月	征	蒸	拯	整	正~中	郑	只 炙
中	忠	盅	终	肿	种~子	冢	众 种~植
重~量	舟	州	周	洲	粥	帚	咒 昼
诛	珠	株	蛛	诸	猪	竹	烛 主
住	注	驻	柱	蛀	苎	祝	著 铸
筑	专	砖	转~学	传~记	转~圈	追	锥 准
朝~代	潮	臣	尘	陈	成	城	承 虫
重~复	仇	除	厨	储	船	垂	售 薯

普通话中 zh、ch、sh 易错读为 t 的字：

辙	轴	逐	昌	菖	娼	长~短	场	肠
敞	畅	倡	唱	超	朝~代	扯	撤	臣
尘	沉	陈	称相~	趁	称~呼	成	诚	城
丞	呈	承	程	澄	橙	逞	秤	尺
冲~突	充	春	抽	仇	绸	稠	酬	丑

| 啾 | 臭 | 出 | 处~相 | 畜~牲 | 川 | 穿 | 传~说 | 喘 |
| 串 | 闯 | 槌 | 锤 | 春 | 椿 | 蠢 | 殊 | |

2. 掌握 zh、ch、sh 的发音要领

zh、ch、sh 发音时舌尖上翘，舌身后缩，抵到硬腭前部，需要注意的是，舌尖既不要向前平伸，也不要向后卷起来（虽然有人把翘舌音叫卷舌音，但舌尖并非卷起）。发音时上下齿之间稍稍分开。

不会发翘舌音 zh、ch、sh 的普通话学习者可以用以下方法进行练习：

（1）用平舌音 z、c、s 带出翘舌音 zh、ch、sh

平舌音 z、c、s，湘方言区学习者一般都会发。可以先发平舌音 z、c、s，然后，舌尖从上齿背沿齿龈向后移，移到硬腭处停住不动，用发 z、c、s 的方法再发音，这时候发出来的就是 zh、ch、sh 了。需要强调的是，在发平舌音的基础上后缩舌身，舌尖后移到硬腭前部后在那里停住，不要习惯性地向前平伸。湘方言区有 zh、ch、sh 的方言点，zh、ch、sh 的发音部位比普通话略微靠前，学习时要注意纠正。

（2）用咬指法或牙签法练习舌头的上翘和后缩

若学习者母方言中没有翘舌音，初学时舌头上翘、后缩会很不习惯，可以试着用咬指头的方法来练习：把食指放到口中，在大约第一关节处用牙齿轻轻咬住，然后按 zh、ch、sh 的发音要领进行发音练习，注意不能让舌头碰到食指。也可以用牙签替代食指进行练习。为了避免碰到口中障碍物，舌头会不自觉地上翘、后缩，经常练习，舌头慢慢地就会灵活起来。

（3）进行相关绕口令练习，锻炼舌头的灵活性

利用绕口令锻炼唇舌的灵活性，不仅对学习翘舌音有帮助，对其他难点音的训练也有帮助。

3.朗读训练

（1）词语练习

zh+z：支座 zhīzuò　　　　　　职责 zhízé

准则 zhǔnzé　　　　　　著作 zhùzuò

z+zh：尊重 zūnzhòng　　　　　杂志 zázhì

组装 zǔzhuāng　　　　　赞助 zànzhù

ch+c：出错 chūcuò　　　　　　纯粹 chúncuì

尺寸 chǐcùn　　　　　　唱词 chàngcí

c+ch：操场 cāochǎng　　　　　财产 cáichǎn

此处 cǐchù　　　　　　促成 cùchéng

sh+s：深思 shēnsī　　　　　　时速 shísù

曙色 shǔsè　　　　　　世俗 shìsú

s+sh：缩水 suōshuǐ　　　　　随时 suíshí

损失 sǔnshī　　　　　　宿舍 sùshè

zh+j：专家 zhuānjiā　　　　　主机 zhǔjī

铸就 zhùjiù　　　　　　传记 zhuànjì

j+zh：精准 jīngzhǔn　　　　　颈椎 jǐngzhuī

经传 jīngzhuàn　　　　　进驻 jìnzhù

ch+j：春节 chūnjié　　　　　　厨具 chújù

处境 chǔjìng　　　　　　串讲 chuànjiǎng

j+ch：揭穿 jiēchuān　　　　　杰出 jiéchū

几处 jǐchù　　　　　　驾船 jiàchuán

ch+q：出去 chūqù　　　　　　传奇 chuánqí

喘气 chuǎnqì　　　　　传球 chuánqiú

q+ch：青春 qīngchūn　　　　　秦川 qínchuān

取出 qǔchū　　　　　　清除 qīngchú

sh+x：舒心 shūxīn   枢纽 shūniǔ

　　　　水箱 shuǐxiāng   顺序 shùnxù

x+sh：香水 xiāngshuǐ   悬殊 xuánshū

　　　　消暑 xiāoshǔ   蟋蟀 xīshuài

zh+d：中断 zhōngduàn   转达 zhuǎndá

　　　　长大 zhǎngdà   驻点 zhùdiǎn

d+zh：当中 dāngzhōng   读者 dúzhě

　　　　对照 duìzhào   党政 dǎngzhèng

ch+t：春天 chūntiān   长途 chángtú

　　　　抽屉 chōuti   畅通 chàngtōng

t+ch：通车 tōngchē   提倡 tíchàng

　　　　统筹 tǒngchóu   特长 tècháng

（2）绕口令练习

小四刺字

小四在刺字，

四次刺"四"字，

"四"字刺四次，

四字都是"四"。

石狮寺的石狮子

石狮寺前有四十四个石狮子，

寺前树上结了四十四个涩柿子，

四十四个石狮子不吃四十四个涩柿子，

四十四个涩柿子倒吃四十四个石狮子。

（3）综合练习

卜算子·咏梅
毛泽东

风雨送春归，飞雪迎春到。已是悬崖百丈冰，犹有花枝俏。俏也不争春，只把春来报。待到山花烂漫时，她在丛中笑。

爱莲说
［宋］周敦颐

水陆草木之花，可爱者甚蕃。晋陶渊明独爱菊。自李唐来，世人甚爱牡丹。予独爱莲之出淤泥而不染，濯清涟而不妖，中通外直，不蔓不枝，香远益清，亭亭净植，可远观而不可亵玩焉。

予谓菊，花之隐逸者也；牡丹，花之富贵者也；莲，花之君子者也。噫！菊之爱，陶后鲜有闻。莲之爱，同予者何人？牡丹之爱，宜乎众矣。

洋槐在春天，似乎比其他的树都沉稳些。杨与柳都已翠叶青青，它才爆出米粒般大的嫩芽，只星星点点的一层隐绿，悄悄然绝不喧哗。又过了些日子，树上忽然就挂满了一串串葡萄似的花苞，又如一只只浅绿色的蜻蜓缀满树枝——当它张开翅膀跃跃欲飞时，薄薄的羽翼在春日温和的云朵下染织成一片耀眼的银色。那个清晨你会被一阵来自梦中的花香唤醒，那香味甘甜淡雅、撩人心脾却又若有若无。你寻着这馥郁走上阳台，你的精神为之一振，你的眼前为之一亮，顿时整个世界都因此灿烂而壮丽：满满的一树雪白，袅袅低垂，如瀑布倾泻四溅。银珠般的花瓣在清风中微微飘荡，花气熏人，人也陶醉。

节选自张抗抗《窗前的树》

（四）掌握普通话的 r

r 是与 zh、ch、sh 发音部位相同的翘舌音声母。

湘方言区的长沙市、宁乡市、湘潭市、新化县、邵阳市、辰溪县、溆浦县、泸溪县等地一般都有 r 声母。株洲市、南县、益阳市、沅江市、桃江县、岳阳县荣家湾、汨罗市、娄底市、安化县、涟源市、冷水江市、武冈市、邵东市、新宁县、隆回县、城步苗族自治县、绥宁县、会同县、衡阳县、衡南县、衡山县、祁阳市、祁东县等地一般没有 r 声母。

普通话中的 r 声母字在湘方言中读音复杂。例如，在长沙话中，r 声母字部分仍读为 r，如"肉"；部分读为零声母，如"乳、如"；部分读为舌面鼻音 [ȵ]，如"弱"。

普通话中常用的 r 声母字不多，为避免 r 声母字错读，建议湘方言区学习者把普通话中常用的 r 声母字记住。

1. 记住普通话中读 r 声母的常用字

现把《通用规范汉字表》中的 r 声母字举例如下，方便练习。

rán 然燃，rǎn 冉染，ráng 瓤，rǎng 壤嚷叫~，ràng 让，ráo 饶，rǎo 扰，rào 绕，rě 惹，rè 热，rén 人仁壬，rěn 忍，rèn 刃认任~务纫韧，rēng 扔，réng 仍，rì 日，róng 戎茸荣绒容蓉溶榕熔融，rǒng 冗，róu 柔揉蹂，ròu 肉，rú 如儒蠕，rǔ 乳辱汝，rù 入褥，ruǎn 软，ruǐ 蕊，ruì 锐瑞，rùn 闰润，ruò 若弱

可以利用形声字偏旁类推帮助记忆。例如：

然—燃㹸㹸	嚷—瓤壤穰瀼攘	饶—绕娆莛桡
刃—忍纫韧仞轫	壬—任妊饪荏衽	容—蓉溶榕熔镕瑢
柔—揉糅蹂	需—儒孺蠕孺嚅嬬濡	

也可以利用普通话声韵母配合规律帮助记忆。例如，在普通话中，声母 l 不与韵母 en、uei 相拼，因而在宁乡市、益阳市、沅江市、

安化县梅城等地，"人、忍、认"等"ren"不要读成"len"；"蕊、瑞"等"rui"不要读成"lui"。

2. 掌握 r 的发音要领

发 r 时，舌尖上翘到硬腭前部，留出窄缝，软腭上升，堵住鼻腔通道，气流从窄缝中摩擦成声，声带振动。

r 与 sh 发音部位相同，只是发 r 时声带振动，发 sh 时声带不振动。对于舌尖不知如何上翘的湘方言区学习者，可以试着用前面提到的咬指法或牙签法练习舌头的上翘和后缩。也可以用同部位的 sh 带发 r，即发完 sh 后，舌位不要变动，颤动声带发出浊音 r。

需要注意的是，有 r 声母的湘方言点 r 的发音部位比普通话略微靠前，学习时要注意纠正。同时，有些地区的人发 r 声母字时舌尖往往靠前落到了 l 的位置上，例如，安化人常把"人 rén"读为"lén"，把"扰 rǎo"读为"lǎo"。练习 r 的发音时，要注意多练习舌尖上翘动作，同时注意上翘到齿龈后部、硬腭前部。

3. 朗读训练

（1）词语练习

r+ 零：攘外 rǎngwài　热饮 rèyǐn　人缘 rényuán　闰月 rùnyuè

零 +r：委任 wěirèn　依然 yīrán　预热 yùrè　圆润 yuánrùn

r+l：扰乱 rǎoluàn　人类 rénlèi　日历 rìlì　锐利 ruìlì

l+r：拉绒 lāróng　懒人 lǎnrén　利润 lìrùn　缭绕 liáorào

（2）绕口令练习

软柔弱

软弱柔软，软柔弱。

柔弱软柔，弱软柔。

莲蓉和灵龙

莲蓉生得玲珑，灵龙弄聋莲蓉，
莲蓉不忍不容，非要把灵龙扔，
灵龙柔弱认怂，莲蓉心软通融，
灵龙蠕入溶洞，莲蓉恍然一梦。

（3）综合练习

人日思归

[隋] 薛道衡

入春才七日，离家已二年。
人归落雁后，思发在花前。

雪

[唐] 罗　隐

尽道丰年瑞，丰年事若何。
长安有贫者，为瑞不宜多。

在我们的生活里，有一段时光，这时，青春的天真成了记忆，夏日茂盛的回音，在空中还隐约可闻。这时看人生，问题不是如何发展，而是如何真正生活；不是如何奋斗操劳，而是如何享受自己拥有的那宝贵的刹那；不是如何去虚掷精力，而是如何储存这股精力以备寒冬之用。这时，感觉到自己已经到达一个地点，已经安定下来，已经找到自己心中向往的东西。这时，感觉到已经有所获得，和以往的堂皇茂盛相比，是可贵而微小，虽微小而毕竟不失为自己的收获，犹如秋日的树林里，虽然没有夏日的茂盛葱茏，但是所据有的却能经时而历久。

节选自林语堂《论年老——人生自然的节奏》

（五）掌握普通话的 j、q、x

普通话中的 j、q、x 部分字在长沙市、长沙县、宁乡市、湘潭县、娄底市、涟源市、湘乡市、泸溪县、辰溪县、双峰县等地常错读成 z、c、s；部分字在长沙市、长沙县、宁乡市、湘阴县、汨罗市、株洲市、湘潭市、湘潭县、南县、益阳市、沅江市、桃江县、岳阳县荣家湾、湘乡市、韶山市、双峰县、娄底市、安化县、涟源市、冷水江市、新化县、邵阳市、武冈市、邵东市、新宁县、隆回县、城步苗族自治县、绥宁县、会同县、衡阳市、衡南县、衡山县、衡东县、辰溪县、溆浦县、泸溪县、祁阳市、祁东县等地常错读成 g、k、h。要纠正这种错读现象，应注意以下问题：

1. 了解易错读为 z、c、s 或 g、k、h 的字有哪些

《通用规范汉字表》中读 z、c、s 的字在上文中已经举例，湘方言区学习者若多练习、多记忆，可有效避免把声母为 j、q、x 的字错读为 z、c、s。同时，学习者还可注意湘方言区容易错读成 z、c、s 的字主要有哪些，对这些字进行重点练习。

下列声母为 j、q、x 的字，湘方言区学习者很容易错读为 z、c、s：

积~累	唧	缉	即	疾	棘	集	辑	籍
挤	脊	际	剂	济救~	祭	寂	稷	鲫
尖	歼	煎	剪	荐	贱	践	僭	箭
将~军	浆	奖	桨	匠	将~领	酱	椒	焦
嚼	剿	醮	接	节~日	捷	截	姐	借
进	晋	精	井	净	静	揪	酒	就
七	妻	凄	戚	漆	齐	荠荸~	脐~带	砌
千	迁	签	前	钱	潜	浅	枪	墙

抢	悄	锹	樵	瞧	鞘	切~割	妾	侵
亲	秦	寝	清	晴	请	秋	鳅	囚
夕	西	昔	析	息	悉	惜	犀	锡
熄	膝	习	席	袭	媳	洗	玺	徙
细	仙	先	纤~维	鲜	涎	线	羡	相~信
厢	湘	箱	镶	详	祥	想	相~片	象
像	橡	肖姓~	削~梨	消	宵	硝	销	箫
霄	笑	些	蝎	邪	斜	写	泄	泻
卸	屑	亵	谢	心	辛	新	薪	囟
信	星	腥	醒	擤	性	姓	修	羞
秀	袖	绣	宿星~	锈				

上述例字的普通话读音，它们的韵母都含有"i"。下面例字的普通话读音，它们的韵母都含有"ü"：

疽	聚	绝	爵	俊	峻	蛆	趋	取
趣	全	泉	雀	鹊	戌	须	需	徐
叙	绪	絮	婿	宣	选	薛	雪	寻
讯	迅							

至于湘方言区不少地区普通话学习者存在把 j、q、x 部分字错读成 g、k、h，如把"鞋子"说成"孩子"、"阶梯"说成"该梯"的情况，同样是先要了解哪些字容易错读成 g、k、h。现列举如下：

夹	痂	家	胛	架	嫁	奸	间中~	艰
监~狱	碱	鉴	江	茳	豇	讲	降霜~	虹
郊	胶	教~书	角~落	觉睡~	窖	街	解~开	介
戒	届	界	掐	卡关~	恰	嵌	敲	确
虾	狭	辖	下	吓~人	闲	咸	衔	苋
限	陷	项	巷	鞋	懈	蟹		

2. 掌握 j、q、x 的发音要领

发 j 时，舌面前部贴紧硬腭前部，舌尖下垂，软腭上升，堵塞鼻腔通路，然后突然把舌面放松一点儿，让积蓄在口腔阻塞部位后的气流微弱地从窄缝中透出成声。声带不颤动。

发 q 时，舌面活动及口形都和 j 相同，只是从窄缝中透出的气流较强。

发 x 时，与 j、q 的不同之处在于舌面前部和硬腭前部始终留有窄缝，口腔通道始终是通畅的，气流从窄缝中摩擦通过成声。

为防止把 j、q、x 发成 z、c、s 或 g、k、h，可以把舌尖抵住下齿背，保持不离开。如果不能控制，舌尖总想往上去和上齿背接触，可以使用前面提到的咬指法或牙签法：把食指放到口中，在大约第一关节处用牙齿轻轻咬住，然后按 j、q、x 的发音要领进行发音练习，注意不能让舌头碰到食指。需要指出的是，用这种方法练习 zh、ch、sh、r 时，舌尖在食指或牙签之上；练习 j、q、x 时，舌尖在食指或牙签之下。

发 j、q、x 时，把舌尖抵住下齿背，也可以防止舌身后缩、舌面上抬发成 g、k、h。

3. 朗读训练

（1）对比练习

提示：下列对比字中，后字容易错读成 z、c、s。

计 jì—济 jì　　　　肩 jiān—尖 jiān　　　　姜 jiāng—将 jiāng

骄 jiāo—焦 jiāo　　斤 jīn—津 jīn　　　　久 jiǔ—酒 jiǔ

欺 qī—妻 qī　　　　牵 qiān—千 qiān　　　羌 qiāng—枪 qiāng

桥 qiáo—樵 qiáo　　钦 qīn—侵 qīn　　　　丘 qiū—秋 qiū

希 xī—西 xī　　　掀 xiān—先 xiān　　乡 xiāng—相 xiāng

晓 xiǎo—小 xiǎo　　欣 xīn—新 xīn　　休 xiū—修 xiū

（2）词语练习

j+g：机关 jīguān　　　　价格 jiàgé

　　　结构 jiégòu　　　　警告 jǐnggào

g+j：感激 gǎnjī　　　　　根据 gēnjù

　　　逛街 guàngjiē　　　国家 guójiā

q+k：卡壳 qiǎké　　　　　枪口 qiāngkǒu

　　　敲开 qiāokāi　　　　请客 qǐngkè

k+q：看清 kànqīng　　　　扛枪 kángqiāng

　　　客气 kèqi　　　　　快枪 kuàiqiāng

x+h：虾滑 xiāhuá　　　　下回 xiàhuí

　　　陷害 xiànhài　　　　鞋盒 xiéhé

h+x：和谐 héxié　　　　　后巷 hòuxiàng

　　　换鞋 huànxié　　　　麾下 huīxià

j+z：集资 jízī　　　　　　焦躁 jiāozào

　　　节奏 jiézòu　　　　　酒糟 jiǔzāo

z+j：杂酱 zájiàng　　　　增进 zēngjìn

　　　自荐 zìjiàn　　　　　祖籍 zǔjí

q+c：青菜 qīngcài　　　　清仓 qīngcāng

　　　取材 qǔcái　　　　　去存 qùcún

c+q：残缺 cánquē　　　　采取 cǎiqǔ

　　　此前 cǐqián　　　　　凑钱 còuqián

x+s：习俗 xísú　　　　　　相思 xiāngsī

　　　选送 xuǎnsòng　　　迅速 xùnsù

s+x：思想 sīxiǎng　　　　　塑形 sùxíng

　　　随想 suíxiǎng　　　　所需 suǒxū

（3）绕口令练习

七加一和七减一

七加一，七减一，加完减完等于几？

七加一，七减一，加完减完还是七。

比　尖

尖塔尖，尖杆尖。

杆尖尖似塔尖尖，塔尖尖似杆尖尖。

有人说杆尖比塔尖尖，有人说塔尖比杆尖尖。

不知到底是杆尖比塔尖尖，还是塔尖比杆尖尖。

（4）综合练习

九月九日登玄武山

[唐] 卢照邻

九月九日眺山川，归心归望积风烟。

他乡共酌金花酒，万里同悲鸿雁天。

水调歌头（明月几时有）

[宋] 苏　轼

明月几时有？把酒问青天。不知天上宫阙，今夕是何年。我欲乘风归去，又恐琼楼玉宇，高处不胜寒。起舞弄清影，何似在人间。

转朱阁，低绮户，照无眠。不应有恨，何事长向别时圆？人有悲欢离合，月有阴晴圆缺，此事古难全。但愿人长久，千里共婵娟。

有时候，只要把心胸敞开，快乐也会逼人而来。这个世界，这个人生，有其丑恶的一面，也有其光明的一面。

良辰美景，赏心乐事，随处皆是。智者乐水，仁者乐山。雨有雨的趣，晴有晴的妙。小鸟跳跃啄食，猫狗饱食酣睡，哪一样不令人看了觉得快乐？就是在路上，在商店里，在机关里，偶尔遇到一张笑容可掬的脸，能不令人快乐半天？有一回我住进医院里，僵卧了十几天，病愈出院，刚迈出大门，陡见日丽中天，阳光普照，照得我睁不开眼，又见市廛熙攘，光怪陆离，我不由得从心里欢叫起来："好一个艳丽盛装的世界！"

"幸遇三杯酒美，况逢一朵花新？"我们应该快乐。

节选自梁实秋《快乐》

（六）掌握普通话的 n、l

湘方言区普遍存在鼻音声母 n 与边音声母 l 相混的情况。n、l 相混的大致规律是：普通话韵母为齐齿呼（即 i 或 i 起头的）、撮口呼（即 ü 或 ü 起头的）的字，n、l 一般不混。例如，"泥"和"梨"声母不混，"女"和"吕"声母有别。韵母为开口呼、合口呼（即韵母不是 i、ü 或 i、ü 起头的）的字，n、l 一般不分，如"脑 = 老""怒 = 路"。

1. 了解普通话中常用的 n、l 声母字有哪些

现把《通用规范汉字表》中的 n、l 声母字举例如下（表 1-1），方便练习。根据湘方言区 n、l 相混的规律，建议学习者重点注意开口呼、合口呼的 n、l 声母字。

表 1-1 《通用规范汉字表》中 n、l 声母字表

声母\韵母		n	l
开口呼	a	ná 拿，nǎ 哪~里，nà 那呐纳钠娜人名捺	lā 垃拉，lǎ 喇，là 腊蜡辣，la 啦
	e	né 哪~吒，ne 呢	lè 乐快~勒~索，le 了
	ai	nǎi 乃奶，nài 奈耐	lái 来莱，lài 睐赖
	ei	něi 馁，nèi 内	lēi 勒~住，léi 累~赘雷擂~鼓，lěi 垒累~积磊蕾，lèi 肋泪类累劳~擂打~
	ao	náo 挠，nǎo 恼脑瑙，nào 闹	lāo 捞，láo 劳牢唠~叨，lǎo 老姥，lào 涝酪
	ou		lóu 娄楼，lǒu 搂篓，lòu 陋漏露~泄
	an	nán 男南难困~，nàn 难逃~	lán 兰拦栏婪蓝澜篮，lǎn 览揽缆榄懒，làn 烂滥
	ang	náng 囊	láng 郎狼琅廊榔螂，lǎng 朗，làng 浪
	en	nèn 嫩	
	eng	néng 能	léng 棱，lěng 冷，lèng 愣
合口呼	u	nú 奴，nǔ 努，nù 怒	lú 卢芦庐炉颅，lǔ 卤虏房鲁，lù 陆~地录赂鹿禄碌露~水
	uo	nuó 挪娜婀~，nuò 诺懦糯	luō 啰~唆，luó 罗萝逻锣箩骡螺，luǒ 裸，luò 洛骆络落~叶
	uan	nuǎn 暖	luán 峦，luǎn 卵，luàn 乱
	uen		lūn 抡，lún 仑伦沦轮，lùn 论
	ong	nóng 农浓脓，nòng 弄	lóng 龙咙胧聋笼灯~隆窿，lǒng 拢垄笼~罩
齐齿呼	i	nī 妮，ní 尼泥~土，nǐ 拟你，nì 泥拘~逆匿腻溺	lī 哩~~啦啦，lí 厘狸离梨犁蜊漓璃黎篱，lǐ 礼李里理鲤，lì 力历荔沥雳厉励立粒丽利例莉俐痢栗隶吏
	ia		liǎ 俩
	ie	niē 捏，niè 聂孽	liě 咧~嘴，liè 列劣烈猎裂

续表

例字 声母 韵母		n	l
	iao	niǎo 鸟，niào 尿	liáo 辽疗聊撩嘹寥缭，liǎo 了～解，liào 料瞭
	iou	niú 牛，niǔ 扭纽钮，niù 拗	liū 溜～冰，liú 刘浏留流琉硫馏瘤，liǔ 柳，liù 六
	ian	nián 年粘，niǎn 捻撵碾，niàn 念	lián 连怜帘莲联廉镰，liǎn 敛脸，liàn 练炼恋链
	in	nín 您	līn 拎，lín 邻林临淋琳鳞磷，lǐn 凛，lìn 吝赁躏
	iang	niáng 娘，niàng 酿	liáng 良凉梁量测～粮粱，liǎng 两俩，liàng 亮谅辆量数～晾
	ing	níng 宁～静狞柠凝，nǐng 拧～开，nìng 宁～可泞	líng 伶灵玲铃凌陵菱零羚聆龄，lǐng 岭领，lìng 另令
撮口呼	ü	nǚ 女	lǘ 驴，lǚ 吕侣旅铝屡履，lǜ 律虑绿氯滤
	üe	nüè 疟虐	lüè 掠略

2. 掌握 n、l 的发音要领

发 n 时，舌尖抵住上齿龈，形成阻塞，软腭下垂，打开鼻腔通路，声带振动，气流在口腔受到阻碍，上升到鼻腔，气流从鼻腔透出成声。发音时口形不能大开，上下唇稍微分离，上齿尖掩住下齿。

发 l 时，舌尖抵住上齿龈，软腭上升，堵塞鼻腔通路，声带振动，气流从舌前部的两边通过发声。

n 和 l 发音部位基本相同（l 比 n 部位稍微靠后），它们的最大区别是从鼻腔还是从口腔中出气发音，n 是从鼻腔出气发音，l 是从口腔出气发音。

湘方言区学习者 n、l 相混常见的情况主要有以下几种：一种是全都读成 n，完全不会发 l；另一种情况与之相反，只会发 l，不会发 n；

第三种情况是，n 和 l 都会发，但学习者常常意识不到自己发了 n 和 l 两个不同的音，也分辨不出自己发的是 n 还是 l。例如，有的学习者会受鼻音韵母的影响把"兰"的声母发成鼻音 n，与发"老"等 l 声母的字明显不同，但学习者自己完全分辨不出来。

不会发鼻音声母 n 的人，可以先把鼻音声母字放在含前鼻韵母的字后练习。例如，如果总是把"耐心 nàixīn"发成"làixīn"，可以先把"耐"放在"忍"等前鼻音字后练习，借助前面鼻音韵尾的态势带发后面的鼻音声母。如：

耐—忍耐　　内—门内　　年—新年　　暖—温暖　　女—男女

不会发边音 l 的人，最初练习时，尽量不要把 l 声母字放在鼻音韵母字后练习。例如，练习发"楼"时，可以先放在"阁楼""塔楼"等词语中练习，尽量先不要放在"门、板"等含鼻音韵尾的字后练习，避免受前面鼻音韵尾的影响。如：

类—各类　　粒—颗粒　　猎—打猎　　楼—阁楼　　律—法律

另外，不会发边音 l 的人，在"蓝 lán、浪 làng、冷 lěng、亮 liàng、林 lín"等含鼻音韵尾的字前更容易出错，应多加练习。上面提到的第三种情况，也就是 n 和 l 都会发，但分辨不出自己发的是 n 还是 l 的，一般也是这类鼻音韵尾的字容易出错。

3. 朗读训练

（1）词语练习

n+l：年龄 niánlíng　　　　　　　　能量 néngliàng

　　　努力 nǔlì　　　　　　　　　　逆流 nìliú

l+n：流年 liúnián　　　　　　　　　理念 lǐniàn

　　　冷暖 lěngnuǎn　　　　　　　　落难 luònàn

n-l：宁静 níngjìng—灵境 língjìng　恼怒 nǎonù—老路 lǎolù

逆行 nìxíng—例行 lìxíng　　神农 shénnóng—神龙 shénlóng

敢怒 gǎnnù—赶路 gǎnlù　　人脑 rénnǎo—人老 rénlǎo

（2）绕口令练习

南南与兰兰

南南家种兰花，兰兰家种南瓜。

南南要用兰花换兰兰家的南瓜，

兰兰不愿用南瓜换南南家的兰花。

六六妞妞去放牛

六六妞妞去放牛，大牛小牛有六头。

六六拉着大牛走，妞妞牵着小牛遛。

六头牛，牛六头，六六妞妞，妞妞六六都爱牛。

（3）综合练习

问刘十九

[唐] 白居易

绿蚁新醅酒，红泥小火炉。

晚来天欲雪，能饮一杯无？

江城子·乙卯正月二十日夜记梦

[宋] 苏　轼

十年生死两茫茫。不思量，自难忘。千里孤坟，无处话凄凉。纵使相逢应不识，尘满面，鬓如霜。

夜来幽梦忽还乡。小轩窗，正梳妆。相顾无言，惟有泪千行。料得年年肠断处，明月夜，短松冈。

从此我每天下课后，就到她的办公室，补习一个钟头的算术。回家后，用功直到半夜，因着习题的烦难，我曾流过许多焦急的眼泪，在眼泪模糊之中，灯影下往往涌现着 T 女士美丽慈和的脸，我就仿佛得了灵感似的，擦去眼泪，又赶紧往下做。冬天的夜里，母亲往往叫人送冰糖葫芦或是赛梨的萝卜，来给我消夜。直到现在，每逢看见孩子做算术，我就会看见 T 女士的笑脸，嘴里也充满了萝卜的清甜气味！

节选自冰心《我的老师》，有改动

（七）掌握普通话的 f、h

f、h 相混在湘方言区普遍存在。娄底市、双峰县、湘乡市、邵阳市等一些娄邵片方言点没有 f 声母，普通话的 f 声母字都错读为 h 声母。普通话的 f 声母字，长益片大多数仍读 f，也存在少数 f 混入 h 的情况。具体情况见下表。

表 1-2　普通话的 f 声母在长益片的读音情况

方言点 例字	长沙市	株洲市	湘潭市	宁乡市下宁乡	益阳市	岳阳县荣家湾
方	f-	h-	h-	h-	h-	h-
房	f-	h-	h-	h-	零声母	h-
纺	f-	h-	h-	h-	h-	h-
放	f-	h-	h-	h-	h-	h-
凤	h-	h-	f-	h-	h-	h-
封	h-	h-	f-	h-	h-	h-
峰	h-	h-	h-	h-	h-	h-
冯	h-	h-	h-	h-	零声母	h-
逢	h-	h-	h-	h-	零声母	h-
讽	h-	h-	h-	h-	h-	h-
凤	h-	h-	f-	h-	h-	h-

湘方言区有些地方 f、h 声母都有，但辖字与普通话不同，存在相混情况。例如长益片，普通话"hu-"音节中的 h 声母绝大多数都错读为 f 声母，如"花 huā"读为"发 fā"，"胡 hú"读为"扶 fú"。具体情况见下表。

表 1-3　普通话的 h（u-）声母在长益片的读音情况

方言点 例字	长沙市	株洲市	湘潭市	宁乡市下宁乡	益阳市	岳阳县荣家湾
呼	f-	f-	f-	f-	f-	f-
湖	f-	f-	f-	f-	零声母	f-
花	f-	f-	f-	f-	f-	f-
华	f-	f-	f-	f-	零声母	f-
怀	f-	f-	f-	f-	零声母	f-
坏	f-	f-	f-	f-	零声母	f-
灰	f-	f-	f-	f-	f-	f-
回	f-	f-	f-	f-	零声母	f-
还~钱	f-	f-	f-	f-	零声母	f-
婚	f-	f-	f-	f-	f-	f-
魂	f-	f-	f-	f-	零声母	f-
荒	f-	f-	f-	f-	f-	f-
蝗	f-	f-	f-	f-	零声母	f-

长益片有少数"h（u-）"音节中的 h 声母字不混入 f。例如：

hōng 轰烘　　　　　hóng 弘红宏泓虹洪鸿　　hǒng 哄~骗

hòng 讧哄起~蕻　　huān 欢　　　　　　　huán 桓

huǎn 缓　　　　　　huàn 幻宦换唤涣患焕　　huō 豁~口

huó 和~面活　　　　huǒ 火伙　　　　　　huò 或货获祸惑霍豁~免

1. 掌握普通话中哪些字读 f，哪些字读 h

没有 f 声母、普通话的 f 声母字都错读为 h 声母的地区，建议重点记住普通话中的 f 声母字有哪些。f、h 声母都有，但辖字与普通话不同的地区，可根据方言的实际情况去记忆，如长益片可重点记住易混读的普通话中的 h 声母字。

可以利用形声字偏旁类推帮助记忆。例如，记住了"付"的声母是 f，便可以类推记住"符、府、腐、俯、腑、附、咐"等字的声母都是 f。同样的，记住了"胡"的声母是 h，便可以类推记住"葫、湖、蝴、糊"等字的声母也是 h。

本章附录了 f 和 h 偏旁类推字表供湘方言区普通话学习者选用，详见附录 1。

2. 掌握 f、h 的发音要领

发 f 时，下唇接近上齿，形成窄缝，软腭上升，堵塞鼻腔通路，不振动声带，气流从唇齿间的窄缝摩擦通过而成声。需要特别注意的是，下唇接近上齿，气流从唇齿间摩擦而出，不要发成从双唇间摩擦而出的擦音。

发 h 时，舌面后部隆起，接近软腭或硬腭与软腭交界处，形成窄缝，软腭上升，堵塞鼻腔通路，声带不振动，气流从形成的窄缝中摩擦通过而成声。

f 和 h 最大的区别是发音部位。发 f 时，下唇抬起接近上门齿；发 h 时，舌头后缩，舌根抬起接近软腭，下唇应远离上门齿，处于开口的状态。

3. 朗读训练

（1）词语练习

f+h：发挥 fāhuī　　繁华 fánhuá　反悔 fǎnhuǐ　凤凰 fènghuáng

h+f：红枫 hóngfēng　花费 huāfèi　化肥 huàféi　回复 huífù

f–h：发酵 fājiào—花轿 huājiào　　犯病 fànbìng—患病 huànbìng

　　浮水 fúshuǐ—湖水 húshuǐ

h–f：互利 hùlì—富丽 fùlì　　　缓冲 huǎnchōng—反冲 fǎnchōng

　　慌张 huāngzhāng—方章 fāngzhāng

（2）绕口令练习

丰丰和芳芳

丰丰和芳芳，上街买混纺。

红混纺，粉混纺，黄混纺，灰混纺。

红花混纺做裙子，粉花混纺做衣裳。

红、粉、灰、黄花样多，五颜六色好混纺。

发废话会花话费

发废话会花话费，

回发废话话费花，

发废话花费话费会后悔，

回发废话会费话费，

花费话费回发废话会耗费话费。

（3）综合练习

清平调（其一）

〔唐〕李　白

云想衣裳花想容，春风拂槛露华浓。

若非群玉山头见，会向瑶台月下逢。

葬花吟（节选）

[清] 曹雪芹

花谢花飞花满天，红消香断有谁怜？

游丝软系飘春榭，落絮轻沾扑绣帘。

闺中女儿惜春暮，愁绪满怀无释处。

手把花锄出绣帘，忍踏落花来复去。

　　我爱花，所以也爱养花。我可还没成为养花专家，因为没有工夫去作研究与试验。我只把养花当作生活中的一种乐趣，花开得大小好坏都不计较，只要开花，我就高兴。在我的小院中，到夏天，满是花草，小猫儿们只好上房去玩耍，地上没有它们的运动场。

　　花虽多，但无奇花异草。珍贵的花草不易养活，看着一棵好花生病欲死是件难过的事。北京的气候，对养花来说，不算很好。冬天冷，春天多风，夏天不是干旱就是大雨倾盆，秋天最好，可是忽然会闹霜冻。在这种气候里，想把南方的好花养活，我还没有那么大的本事。因此，我只养些好种易活、自己会奋斗的花草。

节选自老舍《养花》

（八）掌握普通话的零声母

1. 掌握普通话中零声母字容易读错的情况

　　普通话中的零声母字，有一部分在湘方言地区仍读为零声母，如"屋、阳、腰、野、油、鱼"等；有一部分在湘方言区大部分地区读为 ng、n、[ŋ] 等鼻音声母。例如：

读为 ng 声母的有：

āi 哎哀埃挨唉	ái 癌	ǎi 矮蔼霭	ài 艾爱隘碍
ān 安庵鞍	àn 岸按案暗	āng 肮	áng 昂

áo 熬	ǎo 袄	ào 傲奥澳	ōu 欧殴
ǒu 呕偶藕	òu 沤	é 讹鹅蛾额	ě 恶~心
è 扼鄂	ēn 恩	èn 摁	wǒ 我
wò 卧	yā 压鸭	yá 芽崖	yǎ 哑
yà 亚讶	yán 岩颜	yǎn 眼	yàn 宴雁
yǎo 咬	yìng 硬		

读为 n 或 [ŋ̍] 声母的有：

yán 严言研阎	yàn 砚验谚	yǎng 仰	yè 业
yí 仪宜疑	yǐ 蚁	yì 义艺议诣谊毅	
yín 垠银龈	yǔ 语		

对这些易错读为鼻音声母的字应多加练习，练习时注意要丢掉鼻音声母。

2. 朗读训练

（1）词语练习

哀伤 āishāng	癌症 áizhèng	雾霭 wù'ǎi	隘口 àikǒu
马鞍 mǎ'ān	按压 ànyā	肮脏 āngzāng	昂扬 ángyáng
熬夜 áoyè	棉袄 mián'ǎo	奥运 àoyùn	澳洲 àozhōu
欧洲 ōuzhōu	呕吐 ǒutù	偶尔 ǒu'ěr	沤肥 òuféi
鹅蛋 édàn	额头 étóu	恶心 ěxīn	扼腕 èwàn
恩情 ēnqíng	摁住 ènzhù	我们 wǒmen	卧铺 wòpù
压力 yālì	牙龈 yáyín	哑巴 yǎba	讶异 yàyì
颜色 yánsè	眼睛 yǎnjīng	验尿 yànniào	大雁 dàyàn
仰望 yǎngwàng	业绩 yèjì	疑难 yínán	蚂蚁 mǎyǐ
艺术 yìshù	银子 yínzi	硬件 yìngjiàn	语言 yǔyán

（2）绕口令练习

鹅

天上飞天鹅，地上跑家鹅，

鹅飞鹅跑鹅撵鹅，鹅上鹅下鹅碰鹅，鹅下鹅蛋鹅抱鹅。

勺和油

铜勺舀热油，铁勺舀凉油。

铜勺舀了热油舀凉油，铁勺舀了凉油舀热油。

一勺热油一勺凉油，热油凉油都是油。

（3）综合练习

静夜思

［唐］李　白

床前明月光，疑是地上霜。

举头望明月，低头思故乡。

十一月四日风雨大作

［宋］陆　游

僵卧孤村不自哀，尚思为国戍轮台。

夜阑卧听风吹雨，铁马冰河入梦来。

世界给我的第一个记忆是：我躺在奶奶的怀里，拼命地哭，打着挺儿，也不知道是为了什么，哭得好伤心。窗外的山墙上剥落了一块灰皮，形状像个难看的老头儿。奶奶搂着我，拍着我，"噢——，噢——"地哼着。我倒更觉得委屈起来。"你听！"奶奶忽然说，"你快听，听见了吗？"我愣愣地听，不哭了，听见了一种美妙的声音，飘飘的、缓缓的……是鸽哨儿？是秋风？是落叶划过屋檐？或者，只是奶奶在轻轻地哼唱？直到现在我还是说不清。

节选自史铁生《奶奶的星星》

二、韵母

普通话的韵母共有 39 个。其中，单元音韵母 10 个：a、o、e、ê、i、u、ü、-i（前）、-i（后）、er。复元音韵母 13 个：ai、ei、ao、ou、ia、ie、iao、iou、ua、uai、uei、uo、üe。鼻韵母 16 个：an、en、ang、eng、ian、in、iang、ing、iong、uan、uen、uang、ueng、ong、üan、ün。

普通话的单元音韵母，湘方言区大部分地区都有的共 8 个：a、o、e、ê、i、u、ü、-i（前）。-i（后）、er 两个韵母，湘方言区大部分地区都没有。

普通话的复元音韵母，湘方言区大部分地区都有的共 12 个：ai、ei、ao、ou、ia、ie、iao、iou、ua、uai、uei、üe。uo 韵母，湘方言区大部分地区都没有。

普通话的前鼻韵母 an、en、ian、in、uan、uen、üan、ün，湘方言区大部分地区都有，而后鼻韵母只有 ang、iang、uang、ong、iong 相对多见，ing、eng、ueng 则比较少见。湘方言区不少地区都存在鼻化韵母，有些方言点鼻化韵母很多，普通话中大部分的鼻韵母都被读成了鼻化韵母。

没有或少见的普通话单元音韵母、复元音韵母和鼻韵母，是湘方言区学习者学习普通话发音上的难点。

-i（后）、er 两个韵母在湘方言区大部分地区都没有，其发音问题是学习普通话需特别注意的。-i（后）只在 zh、ch、sh、r 声母后作为整体认读音节出现，因此学好 zh、ch、sh、r 是学好 –i（后）的关键。

普通话的 ɑ、o、e、ê、i、u、ü、–i（前）这 8 个韵母，湘方言区虽普遍存在，但有的韵母实际发音与普通话存在差异，每个韵母所辖汉字更是与普通话有很大不同。

下面重点介绍学习 e、u、ü、er 这 4 个韵母时需注意的问题。

（一）掌握普通话的单元音韵母 e

发普通话中的 e 韵母时，口半闭，上下齿间距离约一小指宽，唇不圆，嘴角向左右微展，舌身后缩，舌面后部稍隆起，舌位半高（实际舌位比 o 略高一点）。

湘方言区不少地区有 e 韵母，但湘方言中的 e 舌位比普通话中的 e 低、靠前，实际读音是央元音［ə］。更重要的是，湘方言和普通话的 e 韵母所辖字有很大不同。湘方言区大部分地区学习者把普通话中的 e 韵母字读成 o 或与 o 接近的韵母，如长沙人常把"哥 gē"读成"gō"，"课 kè"读成"kò"，"禾 hé"读成"hó"，"鹅 é"读成"ngó"。

1. 记住普通话中读 e 韵母的常用字

掌握普通话中的 e 韵母，关键是要记住普通话中哪些是 e 韵母字。

普通话中 e 韵母常与 m、d、t、n、l、g、k、h、zh、ch、sh、r、z、c、s 相拼，不与 b、p、f、j、q、x 相拼。现将《通用规范汉字表》中的 e 韵母字举例如下，方便练习。

ē 阿~读，é 讹俄娥鹅蛾额，ě 恶~心，è 扼恶凶~饿鄂噩鳄，me 么，dé 得德，de 的，tè 特，né 哪~吒，ne 呢，lè 乐快~勒~索，le 了，gē 戈疙哥胳鸽搁割歌，gé 革阁格隔，gě 葛，gè 个各，kē 苛科棵窠颗磕瞌蝌，ké 壳咳，kě 可渴，kè 克刻客课，hē 呵喝，hé 禾合何和~气河荷~花核盒，

hè 和附~贺荷负~鹤赫，zhē 遮，zhé 折~断哲辙，zhě 者，zhè 这浙蔗，zhe 着，chē 车，chě 扯，chè 彻撤澈，shē 奢，shé 舌蛇，shě 舍~弃，shè 设社舍宿~射摄，rě 惹，rè 热，zé 则责择泽，cè 册厕侧测策，sè 色涩塞堵~

2. 朗读训练

（1）词语练习

e：	阿胶 ējiāo	婀娜 ēnuó	讹诈 ézhà	额外 éwài
	恶心 ěxin	扼制 èzhì	恶棍 ègùn	噩耗 èhào
	木讷 mùnè	德育 déyù	忐忑 tǎntè	特色 tèsè
	哥哥 gēge	隔阂 géhé	苛刻 kēkè	可乐 kělè
	折射 zhéshè	车辙 chēzhé	奢侈 shēchǐ	热爱 rè'ài
	责任 zérèn	怎么 zěnme	侧面 cèmiàn	硬腭 yìng'è
e+o：	胳膊 gēbo	隔膜 gémó	磕破 kēpò	刻薄 kèbó
o+e：	波折 bōzhé	博客 bókè	叵测 pǒcè	墨色 mòsè

（2）绕口令练习

鹅

哥哥弟弟坡前坐，坡上卧着一只鹅，坡下流着一条河。

哥哥说："宽宽的河。"弟弟说："白白的鹅。"

鹅要过河，河要渡鹅。

不知是鹅过河，还是河渡鹅。

（3）综合练习

咏鹅

[唐] 骆宾王

鹅鹅鹅，曲项向天歌，

白毛浮绿水，红掌拨清波。

岳忠武王祠

[明] 于　谦

匹马南来渡浙河，汴城宫阙远嵯峨。

中兴诸将谁降敌，负国奸臣主议和。

黄叶古祠寒雨积，青山荒冢白云多。

如何一别朱仙镇，不见将军奏凯歌。

　　这白鹅，是一位即将远行的朋友送给我的。我抱着这雪白的"大鸟"回家，放在院子里。它伸长了头颈，左顾右盼，我一看这姿态，想道："好一个高傲的动物！"

　　鹅的高傲，更表现在它的叫声、步态和吃相中。

　　鹅的叫声，音调严肃郑重，似厉声呵斥。它的旧主人告诉我：养鹅等于养狗，它也能看守门户。后来我看到果然如此：凡有生客进来，鹅必然厉声叫嚣；甚至篱笆外有人走路，它也要引吭大叫，不亚于狗的狂吠。

　　鹅的步态，更是傲慢了。大体上与鸭相似，但鸭的步调急速，有局促不安之相；鹅的步调从容，大模大样的，颇像京剧里的净角出场。它常傲然地站着，看见人走来也毫不相让；有时非但不让，竟伸过颈子来咬你一口。

　　鹅的吃饭，常常使我们发笑。我们的鹅是吃冷饭的，一日三餐。它需要三样东西下饭：一样是水，一样是泥，一样是草。先吃一口冷饭，再喝一口水，然后再到别处去吃一口泥和草。大约这些泥和草也有各种可口的滋味。这些食料并不奢侈；但它的吃法，三眼一板，一丝不苟。譬如吃了一口饭，倘若水盆放在远处，它一定从容不迫地大踏步走上前去，饮一口水，再大踏步走去吃泥，吃草。吃过泥和草再回来吃饭。

节选自丰子恺《白鹅》

（二）掌握普通话的单元音韵母 u

u 的发音，湘方言区学习者较容易掌握。

湘方言区学习者学习普通话中的 u，最大的问题是常把 u 韵母字错读为其他韵母。

长沙市、宁乡市、湘阴县、汨罗市、株洲市、湘潭市、南县、益阳市、沅江市、桃江县、岳阳县荣家湾、韶山市、双峰县、娄底市、安化县、涟源市、冷水江市、新化县、新宁县、会同县、辰溪县、溆浦县等地，常把普通话中与 d、t、n、l、zh、ch、sh、z、c、s 相拼的 u 韵母字，错读成 ou 或 ao 等复韵母，如"图 tú"读成"tóu"或"táo"，"路 lù"读成"lòu"或"lào"，"租 zū"读成"zōu"或"zāo"等。部分 u 韵母字与 zh、ch、sh、r 相拼时读成 ü 韵母，如"珠 zhū"读成"jū"，"除 chú"读成"jú"。这一问题的解决也可参看 zh、ch、sh 声母学习部分。

1. u 韵母字在湘方言中的错读情况

下面把普通话中易错读的 u 韵母字列举如下，方便练习。

u 易错读为 ou 或 ao 的字：

dū 都首~，dú 独读犊牍，dǔ 堵赌，dù 肚妒杜度渡镀，tú 图徒途涂屠，tǔ 土吐吞~，tù 吐呕~兔，nú 奴，nǔ 努，nù 怒，lú 卢芦庐炉鸬，lǔ 卤虏鲁橹，lù 赂路鹭露，zhú 竹逐烛，zhù 助祝，chū 初，chú 锄，chǔ 础楚，chù 触，shū 叔梳淑疏蔬，shú 赎熟，shǔ 黍属蜀数~数，shù 戍恕数~学漱，zū 租，zú 卒，zǔ 阻组祖，cū 粗，cù 猝醋，sū 苏酥，sù 诉素嗉塑

u 易错读为 ü 的字:

zhū 朱诛珠株诸猪蛛，zhǔ 主煮拄，zhù 苎住贮注驻柱著蛀铸箸，chū 出，chú 除厨雏橱，chǔ 处~理杵储褚，chù 处~所，shū 书枢殊舒输，shǔ 暑黍署鼠薯，shù 术述树竖庶，rú 如儒，rǔ 汝乳，rù 入

2. 朗读训练

（1）词语练习

u: 独处 dúchǔ	赌徒 dǔtú	荼毒 túdú	路途 lùtú
住处 zhùchù	出租 chūzū	叔叔 shūshu	数数 shǔshù
u+ou: 土豆 tǔdòu	卤肉 lǔròu	诅咒 zǔzhòu	苏州 sūzhōu
ou+u: 楼主 lóuzhǔ	抽搐 chōuchù	首都 shǒudū	凑数 còushù
u+ao: 独到 dúdào	徒劳 túláo	阻挠 zǔnáo	粗糙 cūcāo
ao+u: 导读 dǎodú	道路 dàolù	劳碌 láolù	招数 zhāoshù
u+ü: 驻区 zhùqū	出具 chūjù	储蓄 chǔxù	术语 shùyǔ
ü+u: 居住 jūzhù	取出 qǔchū	去除 qùchú	叙述 xùshù

（2）绕口令练习

山上五棵树

山上五棵树，架上五壶醋，

林中五只鹿，箱里五条裤。

伐了山上的树，搬下架上的醋，

射死林中的鹿，取出箱中的裤。

猴和虎

山前有只虎，山下有只猴。

虎撵猴，猴斗虎；

虎撵不上猴，猴斗不了虎。

（3）综合练习

早春呈水部张十八员外

[唐]韩 愈

天街小雨润如酥，草色遥看近却无。

最是一年春好处，绝胜烟柳满皇都。

热爱生活的父亲一旦手头宽绰，首先发扬光大的是他的美食天性。祖传的春卷、韭菜盒、红焖猪蹄、蟹粥鱼糜凤尾虾，一一真材实料精工细作起来；又"克隆"人家酒宴名肴，朋友饭桌偷艺，篡改旅行中见习的南北风味；甚至手持一部古龙的武侠小说，依样画葫芦仿真一品"翡翠鸡"。每个周末召集儿孙们回去品尝，在我们中间掀起烹饪比学赶帮超。

他以武侠小说为指南，独自访遍名山胜水。身上背的照相机不断更新换代，拍扬眉吐气的自己，拍躲着镜头的孩子们，还主动拍亲戚朋友们，花钱冲洗后挨家挨户去分发。

节选自舒婷《父爱天空下，我是最幸福的那片云》

（三）掌握普通话的单元音韵母 ü

湘方言区有 ü 韵母，"余、鱼、娱、愚、雨、玉、芋、遇、御、裕、女、拘、居、鞠、局、菊、举、句、剧、区、渠、许"等普通话中的 ü 韵母字在湘方言区也读 ü 韵母。需注意的是，湘方言区部分地区 ü 韵母的发音与普通话有差异，如辰溪县、溆浦县、泸溪县、娄底市、涟源市、隆回县、汨罗市等地容易把 ü 发成带有舌尖色彩的圆唇元音。这些地区学习 ü 韵母时，要特别注意将舌尖抵住下齿背，可以先练习发 i，再把嘴唇拢到最圆而发出 ü。

1. 了解普通话中常用的 ü 韵母字有哪些

现将《通用规范汉字表》中的 ü 韵母字举例如下，方便练习。

yū 迂淤，yú 于余鱼娱渔愉榆愚，yǔ 与予屿宇羽雨禹语，yù 玉芋吁郁育狱浴预域欲遇喻御寓裕愈誉豫，nǚ 女，lú 驴，lǚ 吕侣旅铝屡缕履，lù 律虑绿氯滤，jū 拘居鞠，jú 局菊橘，jǔ 沮矩举，jù 巨句拒具炬俱剧据距惧锯聚，qū 区曲~折屈躯趋，qú 渠，qǔ 曲歌~取娶，qù 去趣，xū 须虚需，xú 徐，xǔ 许，xù 旭序叙畜积~绪续蓄

2. ü 韵母字在湘方言中的错读情况

普通话中不少 ü 韵母字在湘方言区读成了其他韵母，如长沙市、长沙县、宁乡市、湘阴县、汨罗市、株洲市、湘潭市、湘潭县、南县、益阳市、沅江市、桃江县、岳阳市、韶山市等地，"驴、旅、履、律、率、聚、蛆、取、娶、须、徐、叙、恤、絮、婿"等与 l、j、q、x 相拼的 ü 韵母字，常错读成 i 韵母。长沙市、长沙县、宁乡市、湘阴县、汨罗市、株洲市、湘潭市、湘潭县、南县、益阳市、沅江市、桃江县、安化县、会同县、衡山县、衡东县等地，有些 ü 韵母字易错读为 ei 韵母，如"吕、铝、屡、虑、滤、趣"。

"欲、狱、浴、育、曲、屈、畜~牧、蓄"等字在长沙市、长沙县、湘阴县、汨罗市、株洲市、湘潭市、湘潭县、南县、益阳市、沅江市、桃江县、岳阳县荣家湾、韶山市、安化县、冷水江市、新化县、泸溪县等地，易错读为 iou 韵母。双峰县、娄底市、涟源市等地，上述字易错读为 io 韵母。

"绿"在长沙市、益阳市、宁乡市、韶山市、岳阳市、娄底市、辰溪县等地读为 ou 韵母，而涟源市、安化县梅城等地读为 iu 韵母，

邵阳市、衡阳市、祁阳市等地读为 u 韵母。

　　"捋、锯"在长沙市、长沙县、汨罗市、株洲市、湘潭市、南县、益阳市、沅江市、韶山市、娄底市、安化县、涟源市、冷水江市、新化县、邵阳市、邵阳县、新宁县、绥宁县、会同县、衡南县、衡山县、衡东县、溆浦县、祁东县等地读为 e 或与 e 接近的韵母；岳阳县荣家湾、辰溪县、泸溪县等地读为 ai 或 ei 韵母；湘潭县读为 ie 韵母；武冈市读为 i 韵母；湘乡市、双峰县读为 a 韵母。

　　3.朗读训练

　　（1）词语练习

　　　　ü+i：履历 lǚlì　　　聚集 jùjí　　　娶妻 qǔqī　　　嘘唏 xūxī

　　　　i+ü：利率 lìlǜ　　　寄居 jìjū　　　崎岖 qíqū　　　唏嘘 xīxū

　　　　i-ü：碧溪 bìxī—必须 bìxū　　　　理由 lǐyóu—旅游 lǚyóu

　　　　ü-i：嫁娶 jiàqǔ—架起 jiàqǐ　　　律法 lǜfǎ—立法 lìfǎ

　　　　ei-ü：鸡肋 jīlèi—机率 jīlǜ　　　累次 lěicì—屡次 lǚcì

　　　　ü-ei：牢狱 láoyù—劳累 láolèi　　雨季 yǔjì—每季 měijì

　　　　iou-ü：诱导 yòudǎo—绿岛 lǜdǎo　　秋分 qiūfēn—区分 qūfēn

　　　　ü-iou：畜力 xùlì—秀丽 xiùlì　　　巨星 jùxīng—救星 jiùxīng

　　（2）绕口令练习

女小吕和女老李

这天天下雨，体育局穿绿雨衣的女小吕，去找穿绿运动衣的女老李。

穿绿雨衣的女小吕，没找到穿绿运动衣的女老李。

穿绿运动衣的女老李，也没见着穿绿雨衣的女小吕。

（3）综合练习

书意三首（其二）

[宋] 陆　游

养生慕黄老，为治法唐虞。

耆寿缘忧惧，危亡坐燕娱。

大川宜利涉，蔓草戒难图。

退士惟身虑，铭膺岂敢无！

上京杂诗十首（其五）

[元] 周伯琦

官曹多合署，贾肆不常居。

事简惟供亿，秋归幸羡余。

有人磨铁砚，何日佩金鱼。

直欲排阊阖，犹疑畏简书。

　　梅雨亭正对着那条瀑布；坐在亭边，不必仰头，便可见它的全体了。亭下深深的便是梅雨潭。这个亭踞在突出的一角的岩石上，上下都空空儿的；仿佛一只苍鹰展着翼翅浮在天宇中一般。三面都是山，像半个环儿拥着；人如在井底了。这是一个秋季的薄阴的天气。微微的云在我们顶上流着；岩面与草丛都从润湿中透出几分油油的绿意。

　　……

　　我舍不得你；我怎舍得你呢？我用手拍着你，抚摩着你，如同一个十二三岁的小姑娘。我又掬你入口，便是吻着她了。我送你一个名字，我从此叫你"女儿绿"，好么？

我第二次到仙岩的时候，我不禁惊诧于梅雨潭的绿了。

节选自朱自清的《绿》

（四）掌握普通话的单元音韵母 er

1. 掌握 er 的发音要领

湘方言区绝大部分地区没有 er 韵母，人们往往不知道 er 该如何发。er 的发音要领是：口腔自然打开，舌位不前不后，不高不低，舌面前、中部稍微隆起，舌身向后略缩，舌尖向后翘，接近硬腭前部（但不接触）。实际上，在发央元音［ə］的同时，舌尖轻巧地向硬腭一翘，即可发出 er 这个音。

若不知舌尖如何上翘，可以试着用前面学习 zh、ch、sh 提到的咬指法或牙签法来练习。普通话中的 er 韵母字不多，现把《通用规范汉字表》中的 er 韵母字举例如下，方便练习。

ér 儿而，ěr 尔耳饵，èr 二贰

2. 朗读训练

（1）词语练习

er-e：儿子 érzi—蛾子 ézi　　　而且 érqiě—额头 étóu

耳朵 ěrduo—恶心 ěxin　　　二十 èrshí—恶人 èrén

偶尔 ǒu'ěr—饥饿 jī'è　　　鱼饵 yú'ěr—余额 yú'é

（2）绕口令练习

说　尔

要说"尔"专说"尔"，马尔代夫，喀布尔，

阿尔巴尼亚，扎伊尔，卡塔尔，尼泊尔，

贝尔格莱德，安道尔，萨尔瓦多，伯尔尼，

利伯维尔，班珠尔，厄瓜多尔，塞舌尔，

哈密尔顿，尼日尔，圣皮埃尔，巴斯特尔，

塞内加尔的达喀尔，阿尔及利亚的阿尔及尔。

（3）综合练习

杜秋娘诗（节选）

〔唐〕杜 牧

地尽有何物？天外复何之？

指何为而捉？足何为而驰？

耳何为而听？目何为而窥？

己身不自晓，此外何思惟？

目不能两视而明，耳不能两听而聪。螣蛇无足而飞，梧鼠五技而穷。

节选自《荀子·劝学》

然而风格和情绪，倾向之类，不但因人而异，而且因事而异，因时而异。郑板桥说"难得糊涂"，其实他还能够糊涂的。现在，到了"求仕不获无足悲，求隐而不得其地以窜者，毋亦天下之至哀欤"的时代，却实在求糊涂而不可得了。

节选自鲁迅《准风月谈·难得糊涂》

（五）掌握普通话的复元音韵母

湘方言区学习者常常把普通话中的一些复元音韵母读成单元音或与其他的复元音相混，同时湘方言区部分地区还有 io、ie［iɤ］、ue、üɑ 等普通话中没有的复元音韵母。

1. 易读错的普通话复元音韵母

普通话中的 ai、ei、ao、ou 发音时舌位由低向高滑动，开头的元音响亮清晰，收尾的元音轻短模糊；uo 发音时舌位由高向低滑动，收尾的元音响亮清晰，开头的元音发音较短促，不太响亮。这些韵母在湘方言区常被错读成单元音或其他复元音韵母。

（1）ai 韵母

湘方言区大部分地区都有 ai 韵母，但各地的 ai 韵母辖字与普通话不大一致。如普通话中 ai 韵母字在长沙方言中大部分仍读 ai 韵母，如"摆、拜、排、派、买、带、胎、来、再、才、菜"等字，但有些字错读为 o 韵母，如"白、百、麦、骇、宅、拆"等字。而长沙方言的 ai 韵母字除了包括上述普通话中读 ai 韵母的字，还包括"阶、皆、街、解、介、戒、届、界、械、懈"等普通话中的 ie 韵母字，"怀、槐、淮、坏"等 uai 韵母字，"岩、雁"等个别 ian 韵母字，"崖"等个别 ia 韵母字。

湘方言区小部分地区没有 ai 韵母，如桃江县、娄底市、涟源市、冷水江市、新化县、汨罗市、衡山县等地，ai 韵母多读为单元音或其他复元音，如涟源方言中"摆、败、拜、带、太、奶、柴"等字韵母读为 a，"白、稗、麦、摘、窄、拆、晒"等字韵母读为 o，"百、代、胎、来、海、灾、再、赛"等字韵母读为 ê（与普通话 ie 韵母中 e 的读音相近），此外还有"袋、盖、载、腮、鳃"等少数字韵母读为复元音 ue（其中 e 的读音与普通话 ie 韵母中的 e 相近）。

要学好普通话的 ai 韵母，首先要掌握发音要领：发 ai 时，起点元音比单韵母 a 靠前，实际音值是前元音［a］，从前［a］开始，舌位向 i 的方向滑动升高，到接近 i 时止。发音时，舌尖抵住下齿背，舌面前部逐渐隆起。

同时还要记住普通话中的 ai 韵母常用字。普通话中，ai 可以自成音节，也可以与 b、p、m、d、t、n、l、g、k、h、zh、ch、sh、z、c、s 相拼，不与 f、j、q、x、r 相拼。现把《通用规范汉字表》中的 ai 韵母字举例如下，方便练习。

　　āi 哀埃挨，ái 癌，ǎi 矮蔼，ài 艾爱碍，bái 白，bǎi 百柏摆，bài 败拜，pāi 拍，pái 排牌，pài 派湃，mái 埋，mǎi 买，mài 迈麦卖脉~络，dāi 呆，dǎi 歹逮~住，dài 代带贷待袋戴，tāi 胎，tái 台抬苔，tài 太汰态泰，nǎi 乃奶，nài 奈耐，lái 来莱，lài 睐赖，gāi 该，gǎi 改，gài 丐钙盖概，kāi 开，kǎi 凯慨楷，hái 还孩，hǎi 海，hài 亥骇害，zhāi 斋摘，zhái 宅，zhǎi 窄，zhài 债寨，chāi 拆差，chái 柴豺，shāi 筛，shài 晒，zāi 灾栽，zǎi 载年~宰，zài 再在载~重，cāi 猜，cái 才材财裁，cǎi 采彩睬踩，cài 菜蔡，sāi 腮塞瓶~鳃，sài 赛

　　（2）ei 韵母

　　湘方言区大部分地区都有 ei 韵母，少部分地区如韶山市、双峰县、娄底市、涟源市、冷水江市、新化县、隆回县等地没有 ei 韵母。

　　普通话的 ei 韵母字在上述无 ei 韵母的地区常读为单元音或其他复元音，如涟源方言中"杯、辈、培、配、梅、妹、肋、黑"等字韵母读为 ê，"备、被、眉、楣、媚、泪"等字韵母读为 i，"飞、非、肥、匪、翡、肺、废、费"等字韵母读为 ui。娄底方言中"杯、卑、悲、培、裴、沛、配、媒、妹、内、黑、贼"等字韵母读为 ê，"备、被、眉、楣、美、媚"等字韵母读为 i，"雷、擂、垒、儡、累、内"等字韵母读为 ue。隆回方言中"背、倍、被、枚、梅、媒、煤、妹、飞、肥、费、雷、擂、泪"等字韵母读为 i。

　　湘方言区有 ei 韵母的地区，辖字与普通话不大一致。例如，长沙方言中的 ei 韵母字包括普通话部分 ei 韵母字，如"杯、背、陪、配、梅、飞、雷、垒、累、馁、内"等，还包括部分 uei、i、ü 韵母字，如"对、推、腿、灰、挥、回、悔、汇、会、慧""闭、蔽、避、

臂、坏、迷""吕、屡、虑、滤"等。而普通话读为 ei 韵母的部分字，如"北、肋、黑、贼"等，在长沙方言中读为单韵母 e［ə］。

要学好普通话的 ei 韵母，首先要掌握发音要领：ei 的起点元音是前元音［e］，由［e］开始，舌位向 i 的方向滑动升高，到接近 i 时止。

普通话的 ei 韵母常与 b、p、m、f、l 相拼，也可与 d、t、n、g、k、h、z 相拼，但字数很少。现把《通用规范汉字表》中的 ei 韵母字举例如下，方便练习。

bēi 杯卑背~负悲碑，běi 北，bèi 贝狈备背~心倍悖被辈惫，pēi 胚，péi 陪培赔，pèi 沛佩配，méi 没玫枚眉梅媒煤霉，měi 每美，mèi 妹昧媚魅，fēi 飞妃非菲啡，féi 肥，fěi 匪诽，fèi 吠肺废沸费，gěi 给，hēi 黑嘿，něi 馁，nèi 内，léi 雷，lěi 垒磊蕾，lèi 肋泪类累劳~擂打~，zéi 贼

（3）ao 韵母

普通话中 ao 韵母字在湘方言地区的读音大致可分为三种情况：

第一，部分地区有 ao 韵母，且辖字与普通话大部分一致。如长沙方言中"包、袍、毛、刀、套、老、高、考、少、早、草、扫"等大部分字与普通话一样都读 ao 韵母，只有"烙、酪、勺、芍"等少数字读为其他韵母。

第二，部分地区有 ao 韵母，但是辖字与普通话明显不同。如普通话中的"赌、土、炉、初、楚、祖""周、帚、咒、抽、酬、肉""六、久、丘、求""绿、菊、曲、续、蓄""踱、做、措、缩"等 u、ou、iou、ü、uo 韵母字，涟源方言中都读为 ao 韵母，而普通话中的 ao 韵母字，涟源方言中基本上不读 ao 而读为其他韵母。

第三，部分地区无 ao 韵母，普通话中的 ao 韵母读为其他韵母。如新化方言中"包、抛、袍、毛、刀、滔、逃、脑、劳、高、考、好、豪、找、抄、哨、早、操、曹、嫂、袄"等字韵母读为 o，"茂、招、召、

超、烧、饶"等字韵母读为 iə，"焯、勺"等字韵母读为 üo。

要学好普通话的 ao 韵母，首先要掌握发音要领：ao 的起点元音 a 舌位靠后，从后 a 开始，向 u 的方向滑动升高，唇形逐渐收敛、拢圆，到接近 u 时（不到 u，但要超过 o）止。发音时舌头后缩，舌面后部隆起。

普通话的 ao 韵母可以单独成音节，也可以与 b、p、m、d、t、n、l、g、k、h、zh、ch、sh、r、z、c、s 相拼。现把《通用规范汉字表》中的 ao 韵母字举例如下，方便练习。

āo 凹，áo 熬，ǎo 袄，ào 傲奥澳懊，bāo 包苞胞褒，báo 雹薄，bǎo 饱宝保堡碉~，bào 报抱豹鲍暴曝~光爆，pāo 抛，páo 袍，pǎo 跑，pào 泡~沫炮，māo 猫，máo 毛矛茅锚，mǎo 卯，mào 茂冒贸帽貌，dāo 刀叨，dǎo 导岛捣倒跌~祷蹈，dào 到倒~退盗悼道稻，tāo 涛掏滔，táo 逃桃陶萄淘，tǎo 讨，tào 套，náo 挠，nǎo 恼脑，nào 闹，lāo 捞，láo 劳牢，lǎo 老姥，lào 涝酪，gāo 高羔膏糕，gǎo 搞稿，gào 告，kǎo 考拷烤，kào 铐靠，háo 毫豪嚎，hǎo 好，hào 号耗浩，zhāo 招着~数朝~阳，zháo 着~急，zhǎo 找沼，zhào 召兆赵照罩，chāo 抄钞超，cháo 巢朝~向嘲潮，chǎo 吵炒，shāo 捎烧梢稍，sháo 勺，shǎo 少稀~，shào 少~年绍哨，ráo 饶，rǎo 扰，rào 绕，zāo 遭糟，záo 凿，zǎo 早枣蚤澡藻，zào 皂灶造噪燥躁，cāo 操糙，cáo 曹槽，cǎo 草，sāo 搔骚臊腥~，sǎo 扫嫂，sào 臊害~。

（4）ou 韵母

湘方言区部分地区有 ou 韵母，且辖字与普通话大部分一致。如长沙方言中"藕、谋、某、楼、够、猴、周、抽、收、手、走、凑"等大部分字与普通话一样都读 ou 韵母，只有"柔、揉"等少数字读为其他韵母。部分地区有 ou 韵母，但是辖字与普通话明显不同。如普通话中的"包、炮、猫、毛、刀、套、高、靠、超""尿、交、教、敲"

等 ao、iao 韵母字，衡山方言中都读为 ou 韵母，而普通话中的 ou 韵母字，衡山方言中基本上不读 ou 而读为其他韵母。

湘方言区部分地区无 ou 韵母，普通话中的 ou 韵母读为其他韵母。如双峰方言中"欧、殴、呕、斗升~、豆、逗、偷、头、透、娄、楼、漏、勾、钩、狗、构、购、侯、喉、猴、吼、后、厚、候、瘦、走"等字韵母读为［e］，"偶、藕、投、凑"等字韵母读为［iə］，"舟、州、周、洲、粥、肘、帚、咒、宙、昼、抽、绸、酬、稠、愁、筹、收、手、守、首、寿、受、授、售、兽、肉"等字韵母读为［io］(o 的实际音值介于 o 和 u 之间)。

要学好普通话的 ou 韵母，首先要掌握发音要领：发 ou 韵母时，起点元音接近央元音［ə］，唇形略圆，从略带圆唇的央元音［ə］开始，舌位向 u 的方向滑动，到接近 u 时(不到 u，但要超过 o)止。

普通话的 ou 韵母可以单独成音节，也可以与 p、m、f、d、t、n、l、g、k、h、zh、ch、sh、r、z、c、s 相拼。现把《通用规范汉字表》中的 ou 韵母字举例如下，方便练习。

ōu 欧殴鸥，ǒu 呕偶藕，pōu 剖，móu 谋，mǒu 某，fǒu 否，dōu 都兜，dǒu 斗升~抖陡蚪，dòu 斗战~豆逗痘，tōu 偷，tóu 头投，tòu 透，lóu 娄楼，lǒu 搂篓，lòu 陋漏露泄~，gōu 勾沟钩，gǒu 苟狗，gòu 构购垢够，kōu 抠，kǒu 口，kòu 叩扣寇，hóu 侯喉猴，hǒu 吼，hòu 后厚候，zhōu 舟州周洲粥，zhóu 轴，zhǒu 肘帚，zhòu 咒宙昼皱骤，chōu 抽，chóu 仇绸畴酬稠愁筹，chǒu 丑瞅，chòu 臭，shōu 收，shǒu 手守首，shòu 寿受授售兽瘦，róu 柔揉蹂，ròu 肉，zǒu 走，zòu 奏揍，còu 凑，sōu 搜艘，sòu 嗽

（5）uo 韵母

普通话中，uo 韵母与 d、t、n、l、g、k、h、zh、ch、sh、r、z、c、s 相拼时，介音 u 读音明显，湘方言区人学习这个韵母时，最突

出的问题是读成了单韵母 o。例如，长沙方言中"多、拖、糯、罗、锅、扩、火、浊、昨、搓、索、卧"等大多数普通话 uo 韵母字都读为单韵母 o，虽然也有"硕、若、弱""虢、括""国"等少数字读为 io、ua、ue 等其他韵母，但丢失介音读成单韵母 o 是最主要的问题。

要学好普通话的 uo 韵母，关键要注意这是一个复元音韵母，发音时由 u 开始，舌位向下滑到 o 时止，有一个从 u 到 o 的滑动过程。现把《通用规范汉字表》中的 uo 韵母字集中举例如下，练习时注意不要丢失介音 u。

wō 涡窝蜗，wǒ 我，wò 沃卧握，duō 多咄哆，duó 夺度_{审时～势}踱，duǒ 朵躲，duò 垛舵堕惰跺，tuō 托拖脱，tuó 驮驼鸵，tuǒ 妥椭，tuò 拓_{开～}唾，nuó 挪娜_{婀～}，nuò 诺懦糯，luō 啰，luó 罗萝逻锣箩骡螺，luǒ 裸，luò 洛骆络落，guō 郭锅，guó 国，guǒ 果裹，guò 过，kuò 扩括阔廓，huō 豁_{～口}，huó 活，huǒ 火伙，huò 或和_{稀泥}货获祸惑霍豁_{～达}，zhuō 拙捉桌，zhuó 灼茁卓浊酌啄琢_{雕～}着_{～陆}，chuō 戳，chuò 绰_{阔～}，shuō 说，shuò 烁硕，ruò 若弱，zuó 昨，zuǒ 左佐，zuò 作坐座做，cuō 搓撮，cuò 挫措错，suō 缩蓑梭唆，suǒ 锁琐所索

2. 普通话中没有的复元音韵母 io、ie［iɤ］、ue、üɑ

湘方言的有些复元音韵母，普通话中没有，如 io、ie［iɤ］、ue、üɑ 等。这些韵母在湘方言区较为普遍，有些韵母辖字还较多，学习普通话时应特别注意。

（1）湘方言的 io 韵母

湘方言区大部分地区有 io 或与 io 相近的韵母，各地的所辖汉字不完全一致。例如：

长沙方言中的 io 韵母字包括普通话中的"掠、略、疟、虐、爵、却、雀、鹊、学、约、岳、跃"等 üe 韵母字,"若、弱、硕"等 uo 韵母字,"勺、芍"等 ao 韵母字,"角、脚、钥"等 iao 韵母字。

娄底方言中的 io 韵母字(o 的实际音值介于 o 和 u 之间)包括普通话中的"丢、牛、扭、纽、溜、流、柳、究、赳、揪、九、韭、就、秋、囚、修、羞、绣、又、右"等 iou 韵母字,"舟、周、肘、纣、咒、宙、昼、抽、仇、绸、稠、筹、丑、瞅、臭、收、手、守、首、受、兽、柔、肉"等 ou 韵母字,"疟、虐、掠、略、爵、嚼咀~、却、雀、鹊、削~皮、学、岳、跃"等 üe 韵母字,"菊、曲、蛐、育、狱、浴、欲"等 ü 韵母字,"竹、逐、烛、嘱、祝、筑、畜、触、叔、熟、属、蜀、束、辱、褥、粟"等 u 韵母字,"若、弱"等 uo 韵母字,"勺、芍"等 ao 韵母字,"脚、药、钥"等 iao 韵母字。

(2)湘方言的 ie〔iɤ〕韵母

湘方言的 ie〔iɤ〕韵母在娄邵片比较多见,各地的所辖汉字不完全一致。例如:

新化方言中的 ie〔iɤ〕韵母字包括普通话中的"标、飘、苗、貂、挑、料、交、桥、消、腰"等 iao 韵母字,"剖、谋、否、斗、偷、漏、勾、扣、皱、愁、邹、凑、搜"等 ou 韵母字,"略、嚼、雀、削"等 üe 韵母字,"牡、亩"等 u 韵母字。

涟源方言中的 ie〔iɤ〕韵母字包括普通话中的"标、表、票、苗、秒、跳、椒、小"等 iao 韵母字,"贸、捎~信、稍、饶、扰、绕"等 ao 韵母字,"谋、豆、偷、皱、愁、瘦、走、凑"等 ou 韵母字。

(3)湘方言的 ue 韵母

湘方言区部分地区有 ue 或与 ue 相近的韵母,各地的所辖汉字不完全一致,其中娄邵片方言辖字较多。例如:

娄底方言中的 ue 韵母字包括普通话中的"堆、对、兑、推、灰、回、汇、会、绘、贿、锐、罪、崔、碎、煨、猥"等 uei 韵母字，"哀、碍、代、殆、贷、待、胎、该、改、丐、盖、开、海、亥、害、腮"等 ai 韵母字，"掇、夺、脱、国、括、阔、活、或、获、惑、撮"等 uo 韵母字，"绝、雪、月、阅、悦、越、粤"等 üe 韵母字，"鸽、割、葛、蛤、合、盒"等 e〔ɣ〕韵母字，"内、雷、擂、垒、儡、累"等 ei 韵母字，"衰、摔、甩、帅、率、外"等 uai 韵母字。

涟源方言中的 ue 韵母字包括普通话中的"堆、对、推、灰、回、罪、催、碎"等 uei 韵母字，"端、短、团、乱、官、酸、算"等 uan 韵母字，"国、活、或、获、惑、撮"等 uo 韵母字，"月、阅、悦、越、粤"等 üe 韵母字，"庵、干、肝、看、汗、靬"等 an 韵母字，"袋、盖、栽、腮、鳃"等 ai 韵母字，"帅、率、蟀、外"等 uai 韵母字，"割、葛、合、盒"等 e〔ɣ〕韵母字，"雷、累"等个别 ei 韵母字，"傻"等个别 a 韵母字。

安化方言中的 ue 韵母字（实际音值为〔uə〕）包括普通话中的"观、官、倌、棺、莞、管、贯、冠、灌、罐、宽、款、欢、缓、换"等 uan 韵母字，"干"等 an 韵母字，"国"等 uo 韵母字。

（4）湘方言的 üa 韵母

普通话中个别 ie、ua、üe、uai 韵母字，在湘方言区部分地区读为 üa 韵母。例如：

长沙方言易将"抓、爪~子、刷、耍""瘸、靴""踹"等普通话中的 ua、üe、uai 韵母字读为 üa 韵母。

益阳方言易将"茄""抓""瘸、靴"等普通话中的 ie、ua、üe 韵母字读为 üa 韵母。

对于普通话中没有的这些复元音韵母，湘方言区学习者要重点注意其所辖字的普通话读音，并进行针对性练习。

3. 朗读训练

（1）词语练习

ai：哀伤 āishāng　挨骂 áimà　矮小 ǎixiǎo　艾叶 àiyè
　　白菜 báicài　拍球 pāiqiú　买卖 mǎimài　赖账 làizhàng

ei：背包 bēibāo　蓓蕾 bèilěi　陪伴 péibàn　美丽 měilì
　　飞机 fēijī　累积 lěijī　类别 lèibié　贼寇 zéikòu

ao：凹凸 āotū　熬药 áoyào　懊悔 àohuǐ　傲慢 àomàn
　　刀刃 dāorèn　陶器 táoqì　恼怒 nǎonù　靠山 kàoshān

ou：殴打 ōudǎ　藕片 ǒupiàn　头发 tóufa　漏油 lòuyóu
　　抠门 kōumén　口水 kǒushuǐ　轴承 zhóuchéng　瘦小 shòuxiǎo

uo：挪用 nuóyòng　萝卜 luóbo　锅铲 guōchǎn　错落 cuòluò
　　窝火 wōhuǒ　我们 wǒmen　卧室 wòshì

iao：标调 biāodiào　缥缈 piāomiǎo　苗条 miáotiao　秒表 miǎobiǎo
　　调教 tiáojiào　料峭 liàoqiào　脚镣 jiǎoliào　药效 yàoxiào

iou：谬论 miùlùn　优秀 yōuxiù　悠然 yōurán　由头 yóutou
　　邮票 yóupiào　友好 yǒuhǎo　酉时 yǒushí　幼年 yòunián

üe：掠夺 lüèduó　决斗 juédòu　角逐 juézhú　雀跃 quèyuè
　　确切 quèqiè　靴子 xuēzi　雪花 xuěhuā　约略 yuēlüè

（2）绕口令练习

白菜和海带

买白菜，搭海带，不买海带就别买大白菜。

买卖改，不搭卖，不买海带也能买到大白菜。

贝贝和菲菲

贝贝飞纸飞机，

菲菲要贝贝的纸飞机，

贝贝不给菲菲自己的纸飞机，
贝贝教菲菲自己做能飞的纸飞机。

扔草帽

隔着墙头扔草帽，
也不知草帽套老头儿，
也不知老头儿套草帽。

猫闹鸟

东边庙里有个猫，西边树梢有只鸟。
猫鸟天天闹，不知是猫闹树上鸟，还是鸟闹庙里猫。

老老道小老道

高高山上有座庙，庙里住着两老道，
一个年纪老，一个年纪少。
庙前长着许多草，有时候老老道煎药，小老道采药；
有时候小老道煎药，老老道采药。

忽听门外人咬狗

忽听门外人咬狗，拿起门来开开手；
拾起狗来打砖头，又被砖头咬了手；
从来不说颠倒话，口袋驮着骡子走。

狼打柴狗烧火

狼打柴，狗烧火，
猫儿上炕捏窝窝，
雀儿飞来蒸饽饽。

（3）综合练习

天末怀李白

[唐] 杜 甫

凉风起天末，君子意如何。

鸿雁几时到，江湖秋水多。

文章憎命达，魑魅喜人过。

应共冤魂语，投诗赠汨罗。

早 雁

[唐] 杜 牧

金河秋半虏弦开，云外惊飞四散哀。

仙掌月明孤影过，长门灯暗数声来。

须知胡骑纷纷在，岂逐春风一一回。

莫厌潇湘少人处，水多菰米岸莓苔。

清 明

[宋] 黄庭坚

佳节清明桃李笑，野田荒冢只生愁。

雷惊天地龙蛇蛰，雨足郊原草木柔。

人乞祭余骄妾妇，士甘焚死不公侯。

贤愚千载知谁是，满眼蓬蒿共一丘。

沉醉东风

[元] 关汉卿

咫尺的天南地北，霎时间月缺花飞。手执着饯行杯，眼阁着别离泪。刚道得声保重将息，痛煞煞教人舍不得。好去者，望前程万里。

和伟大相反，我喜欢渺小，我想提倡一种渺小主义。一个浪花是渺小的，波浪滔天的海洋就是它集体动力的表现；一粒砂尘是渺小的，它们造成了巍峨的泰岱；一株小草，是一支造物的小旗；一朵小花，不也可以壮一下春的行色吗？

我说的渺小是最本色的，最真的，最人性的，是恰恰反乎上面所说的那样的伟大的。一颗星星，它没有名字却有光，有温暖，一颗又一颗，整个夜空都为之灿烂了。谁也不掩盖谁，谁也不妨碍别个的存在，相反的，彼此互相辉映，每一个是集体中的一分子。

节选自臧克家《伟大与渺小》

（六）掌握普通话的鼻韵母

普通话的鼻韵母共 16 个：an、en、ian、in、uan、uen、üan、ün、ang、eng、ing、iang、uang、ueng、ong、iong。

前鼻韵母 an、en、ian、in、uan、uen、üan、ün 在湘方言区大部分地区都有，而后鼻韵母只有 ang、iang、uang、ong、iong 相对多见，eng、ing、ueng 比较少见。

湘方言区大部分地区学习者存在把普通话后鼻韵母错读为前鼻韵母或其他后鼻韵母的现象，同时还存在把前、后鼻韵母错读成鼻化韵母的现象。前后鼻音混读和鼻化韵母是湘方言区人学习普通话时需要重点注意的问题。

1.掌握普通话的后鼻韵母
（1）后鼻韵母的错读情况
湘方言区不少地区学习者常把普通话的后鼻韵母错读为前鼻韵母。

如 ang 错读为 an，iang 错读为 ian，uang 错读为 uan；eng 错读为 en，ueng 错读为 uen；ing 错读为 in；ong 错读为 en，iong 错读为 in 或 ün。后鼻韵母除了错读为前鼻韵母外，有的还错读为其他后鼻韵母或鼻化韵母。

① ang、iang、uang 的错读

普通话中的 ang、iang、uang 韵母在湘方言区的读音主要分为四种情况：

第一，部分地区有 ang、iang、uang 韵母，但辖字与普通话不完全相同。例如，祁阳方言中，ang 韵母不仅包括"昂、帮、胖、方、当、郎、冈、杭"等普通话的 ang 韵母字，还包括"巷、项""网、妄、望"等普通话的 iang、uang 韵母字；iang 韵母不仅包括"央、阳、良、两、娘、江、腔、相"等普通话的 iang 韵母字，还包括"张、掌、丈、账、昌、唱、商、上""匡、框、筐"等普通话的 ang、uang 韵母字；uang 韵母不仅包括"汪、壮、状、闯、双、光、旷、晃"等普通话的 uang 韵母字，还包括普通话的"赃、葬、仓、苍、藏、桑、嗓"等 ang 韵母字。

第二，部分地区没有 ang、iang、uang 韵母，普通话中的 ang、iang、uang 被读为前鼻韵母 an、ian、uan。例如，长沙方言中，"帮、忙、房、当、汤、浪、钢、抗、杭、航、商、藏""酿、巷、项""荒、慌、皇、黄、蝗"等普通话的 ang、iang、uang 韵母字被读为 an 韵，"良、两、江、枪、腔、强、墙、香、湘、央、羊、仰"等 iang 韵母字被读为 ian 韵，"光、广、匡、筐、狂、矿、网、旺、望"等 uang 韵母字被读为 uan 韵。

第三，部分地区没有 ang、iang、uang 韵母，普通话中的 ang、iang、uang 被读为其他后鼻韵母。例如，汨罗方言中，"帮、胖、忙、方、当、汤、郎、娟""江、讲、降、巷、项""光、框、荒、桩、壮、窗、霜"等普通话的 ang、iang、uang 韵母字被读为 ong 韵；"娘、梁、浆、蒋、墙、抢、箱、羊""瓤、让、尝、常、偿、嫦、伤、尚"等 iang、ang 韵母字被读为 iong 韵；"汪、王、亡、网、枉、往、忘、旺"等 uang 韵母字被读为 uong 韵。

第四，部分地区没有 ang、iang、uang 韵母，普通话中的 ang、iang、uang 被读为鼻化韵母。这部分内容详见"（二）纠正湘方言中的鼻化韵母"。

② eng、ueng、ing 的错读

湘方言中基本上没有 ueng、ing 韵母，大部分地区没有 eng 韵母，普通话的 eng、ueng、ing 韵母字在湘方言区常出现错读现象。

湘方言区大部分地区没有 eng 韵母，普通话中的 eng 与 b、p、m、f 相拼的音节，在长沙、邵阳、祁阳等地，韵母读为 ong，如"绷、棚、碰、猛、丰、风、封、锋、奉"等字，而 eng 与 d、t、n、l、g、k、h、zh、ch、sh、z、c、s 等声母相拼的音节，在长沙、邵阳等地一般都读为 en 韵，如"灯、等、能、冷、庚、衡、争、蒸、生、省"等字；在祁阳，部分读为 en 韵，如"登、腾、能、冷、更、省、曾"等字，部分读为 in 韵，如"征、整、郑、丞、呈、秤、升、仍"等字。

涟源方言中，普通话中的 eng 与 b、p、m、f 相拼的音节，韵母读为 ang 或 in，如"绷、朋、棚、捧、萌、蒙、梦、风、缝""崩、迸、烹、盟"等字，而 eng 与其他声母相拼的音节，有的读为 en 韵，如"征、整、政、称～重、成、城、秤、升"等字，有的还读为单韵母 ê，如"灯、凳、腾、争、牲、层、蹭"等字。

新化方言中，普通话中的 eng 韵母字大部分读为前鼻音 en，如"绷、朋、捧、蒙、峰、逢、灯、疼、能、睁、曾～经、惩、成、胜、耕、恒"等字，部分读为鼻化韵 iɛ̃、ɛ̃、õ、ũõ，如"等、腾、曾姓、层、僧、牲、耕""恒、衡""彭、冷、争、撑、生、哽、坑、横""正~月、声"等字，还有个别字读为 in 韵，如"萌、冷、羹"等。

湘方言区少数地区有 eng 韵母，但辖字与普通话有所不同。例如，衡阳方言中 eng 韵母不仅包括"朋、棚、蓬、孟、梦、风、封、冯、逢、奉"等普通话的 eng 韵母字，还包括"东、冬""翁、瓮""穷、琼"等普通话的 ong、ueng、iong 韵母字；而普通话的"蒸、拯、整、症、成、呈、生"等 eng 韵母字，衡阳方言中却读为 in 韵。

湘方言中基本上没有 ueng 韵母，普通话中 ueng 韵母辖字不多，只有"翁、嗡 wēng，蓊 wěng，瓮、蕹 wèng"等几个，可逐一记忆和练习，其错读情况不详细介绍。

湘方言中基本上没有 ing 韵母，普通话中的 ing 韵母字在湘方言中多读为前鼻音 in，也有一些字读为其他韵母。例如，长沙方言中，普通话大多数 ing 韵母字如"英、营、影、应、冰、病、明、灵、京、经、静、星"等都读为 in 韵，"钉、挺、萤、萦""硬"等少数字读为 ian、en 等其他韵母。涟源方言中，部分普通话 ing 韵母字如"英、冰、兵、柄、饼、瓶、停、零"等读为 in 韵，"经、惊、景、竟、敬、镜、庆、幸"等字读为 en 韵，"病、钉、听、名、命、晴、请、星"等字读为 io 韵。溆浦方言中，普通话 ing 韵母字都读为鼻化韵，如"病、平、明、命、顶、听、停、零、精、净、晴、醒"等字韵母读为 ə̃，"应、鹰、影、宁、京、敬、镜、轻、卿、庆、形、幸"等字韵母读为 ĩ。

③ ong、iong 的错读

湘方言区部分地区有 ong 韵母，但辖字与普通话有所不同。例如，"冬、冻、桶、农、聋、公、共、孔""茸、绒、容、融"等普通话中的 ong 韵母字，涟源方言中读为 ang、iang 韵，而普通话中的"党、汤、狼、章、肠、脏""娘、江、腔、香、响""光、矿、装、床、霜"等部分 ang、iang、uang 韵母字，涟源方言中读为 ong 韵。

湘方言区部分地区无 ong 韵母，如普通话的"东、通、农、龙、公、空、红、中、崇、宗、从、松""浓、忠、冲、容"等 ong 韵母字，新化方言中读为 en 或 ün。

湘方言区部分地区有 iong 韵母，但辖字与普通话不尽相同。例如，长沙方言中"穷、兄、雄、熊、拥、勇、涌、用"等字韵母与普通话一样都为 iong，但"迥、窘、琼、永、泳"等字韵母却为 ün；普通话的部分 ong 韵母字如"茸、绒、容、融、冗"等，长沙方言中读为 iong 韵。

湘方言中无 iong 韵母的地区，普通话中的 iong 韵母字多读为 in 或 ün 韵。例如，益阳方言中，"穷、凶、兄、雄、熊、拥、勇、用""琼、永、咏、泳"等普通话中的 iong 韵母字分别读为 in、ün。新化方言中，"迥、穷、兄、雄、雍"等普通话中的 iong 韵母字读为 ün 韵。

（2）如何掌握普通话中的后鼻韵母

后鼻韵母是湘方言区人学习普通话的重点和难点，要掌握普通话的后鼻韵母，建议从以下几个方面入手。

①掌握后鼻韵母的发音要领，重点注意后鼻韵尾与前鼻韵尾发音上的区别

前鼻韵尾 –n 发音时，双唇微张，舌尖抵住上齿龈，形成阻碍，软腭下降，鼻腔通路打开。后鼻韵尾 –ng 发音时，双唇张开，软腭下降，鼻腔通路打开，舌根上抬，抵住软腭。

发前鼻韵母时，口腔中的收尾动作是舌尖抵住上齿龈，大致相当于声母 n 的发音位置，可以用表示同意别人意见时发出的"嗯"声来体会前鼻韵尾 –n 的收尾部位；而发后鼻韵母时，口腔中的收尾动作是舌根后缩，上抬，韵尾的阻塞部位大致相当于声母 g 的发音位置，可以用小孩抽泣的声音来体会后鼻韵尾 –ng 的收尾部位。

发前鼻韵母时，开口度小，上下门齿自然接触；发后鼻韵母时，

开口度相对来说要大些，上下门齿稍微离开些。

②利用形声字偏旁类推和普通话声韵母配合规律等方法记住普通话的后鼻韵母字

利用形声字偏旁类推的方法，通过记住后鼻韵母的声旁代表字，可类推记住同偏旁的一大批字。例如，记住了"邦"的韵母是后鼻音ang，便可以类推出以"邦"做声旁的"帮、梆、绑"字的韵母都是ang。记住了"生"的韵母是后鼻音eng，便可以类推记住"牲、笙、甥、胜"等一批字的韵母都是eng。记住了"令"的韵母是后鼻音ing，便可以类推记住"伶、苓、玲、铃、鸰、聆、零、龄、岭、领"等一批字的韵母都是ing。本章附录2提供了前后鼻韵母偏旁类推字表，供湘方言区学习者使用。

利用普通话声韵母配合规律记住普通话中有哪些字读后鼻韵母。普通话中声母与前后鼻韵母配合有一定的规律。例如：

普通话中声母d、t、n、l一般不与en相拼（"嫩、扽"等个别字除外），因此"灯、等、凳、疼、能、冷、楞"等字的韵母不是en，而是eng。

普通话中声母d、t、n一般不与in相拼（"您"等个别字除外），因此"丁、顶、定、听、停、挺、宁"等字的韵母不是in，而是ing。

s与eng相拼的常用字只有"僧"1个；r与eng相拼的常用字只有"扔、仍"2个。

ueng只能单独成音节，不与辅音声母相拼。

ong不能单独成音节，不与b、p、m、f、j、q、x相拼。

iong可以自成音节，与辅音声母相拼限于j、q、x。

③把常用的后鼻韵母字集中记忆和练习

下面列举《通用规范汉字表》中部分ang、iang、uang、eng、ing、ong、iong韵母字，方便练习。

ang 韵母字：

áng 昂，bāng 邦帮梆，bǎng 绑榜膀肩~，bàng 蚌棒傍谤磅~秤
镑，pāng 乓，páng 庞旁膀~胱磅~礴螃，pàng 胖，máng 芒忙盲氓茫，
mǎng 莽，fāng 方坊街~芳，fáng 防坊作~妨肪房，fǎng 仿访纺，fàng 放，
dāng 当~时铛，dǎng 挡党，dàng 当恰~荡档，tāng 汤，táng 唐堂棠
塘糖膛，tǎng 倘淌躺，tàng 烫趟，náng 囊，láng 郎狼廊榔琅，lǎng 朗，
làng 浪，gāng 冈刚肛纲钢缸岗花~岩，gǎng 岗站~港，gàng 杠，kāng
康慷糠，káng 扛~东西，kàng 亢抗炕，hāng 夯，háng 行~伍吭引~高歌
杭航，zhāng 张章彰樟，zhǎng 长生~涨~价掌，zhàng 丈仗杖帐账胀障，
chāng 昌猖倡~优，cháng 长~短肠尝常偿，chǎng 厂场~地敞，chàng
畅倡提~唱，shāng 伤商，shǎng 晌赏，shàng 上尚，shang 裳，ráng 瓤，
rǎng 壤嚷嚷吵~，ràng 让，zāng 赃脏肮~，zàng 葬藏西~，cāng 仓苍沧舱，
cáng 藏躲~，sāng 丧婚~桑，sǎng 嗓，sàng 丧~失

iang 韵母字：

yāng 央殃鸯秧，yáng 扬羊阳杨洋，yǎng 仰养氧痒，yàng 样漾，
niáng 娘，niàng 酿，liáng 良凉梁量测~粮粱，liǎng 两俩伎~，liàng 亮谅
辆量数~晾，jiāng 江将~来姜浆僵缰疆，jiǎng 讲奖桨蒋，jiàng 匠降下~
将~领酱，qiāng 枪腔，qiáng 强~壮墙，qiǎng 抢强勉~，qiàng 呛，
xiāng 乡相~信香厢湘箱镶，xiáng 详降投~祥翔，xiǎng 享响想，xiàng
向项巷相~貌象像橡

uang 韵母字：

wāng 汪，wáng 亡王，wǎng 网枉往，wàng 妄忘旺望，guāng 光，
guǎng 广，guàng 逛，kuāng 筐，kuáng 狂，kuàng 旷况矿框眶，huāng
荒慌，huáng 皇黄凰惶煌蝗簧，huǎng 恍晃~眼谎幌，huàng 晃摇~，
zhuāng 妆庄桩装，zhuàng 壮状撞幢，chuāng 创~伤疮窗，chuáng 床，
chuǎng 闯，chuàng 创~造，shuāng 双霜，shuǎng 爽

eng 韵母字：

bēng 崩绷，bèng 泵蹦，pēng 砰烹，péng 朋彭棚蓬鹏澎篷膨，pěng 捧，pèng 碰，méng 萌蒙盟檬朦，měng 猛锰，mèng 孟梦，fēng 丰风枫封疯峰锋蜂，féng 冯逢缝，fěng 讽，fèng 凤奉，dēng 灯登蹬，děng 等，dèng 邓凳瞪，téng 疼腾誊藤，néng 能，léng 棱，lěng 冷，lèng 愣，gēng 更~正庚耕羹，gěng 埂耿梗，gèng 更~加，kēng 坑吭~声，hēng 哼，héng 恒横~联衡，hèng 横~财，zhēng 正~月争征挣~扎狰症~结睁筝蒸，zhěng 拯整，zhèng 正~常证郑政挣~钱症~状，chēng 称~呼撑，chéng 成呈诚承城乘盛~饭程惩澄橙，chěng 逞，chèng 秤，shēng 升生声牲甥笙，shéng 绳，shěng 省节~，shèng 圣胜盛~开剩，rēng 扔，réng 仍，zēng 曾姓~增憎，zèng 赠，céng 层曾~经，cèng 蹭，sēng 僧

ing 韵字：

bīng 冰兵，bǐng 丙秉柄饼屏~弃，bìng 并病，pīng 乒，píng 平评坪苹凭屏~障瓶萍，míng 名明鸣冥铭，mìng 命，dīng 丁叮盯钉~子，dǐng 顶鼎，dìng 订钉~钉子定，tīng 厅听，tíng 廷亭庭停蜓，tǐng 挺艇，níng 宁狞柠凝，nǐng 拧~紧，nìng 泞，líng 伶灵玲铃凌陵聆菱羚零龄，lǐng 岭领，lìng 另令，jīng 茎京经荆惊晶睛兢精鲸，jǐng 井颈景警，jìng 劲~旅径净竞竟敬靖静境镜，qīng 青轻氢倾卿清蜻，qíng 情晴擎，qǐng 顷请，qìng 庆亲~家，xīng 兴~办星猩腥，xíng 刑行言~形型，xǐng 省反~醒，xìng 兴~致杏幸性姓，yīng 应~当英莺婴樱鹦鹰，yíng 迎荧盈莹萤营蝇赢，yǐng 颖影，yìng 应答~映硬

ong 韵母字：

dōng 东冬，dǒng 董懂，dòng 动冻栋洞，tōng 通，tóng 同彤桐铜童，tǒng 统捅桶筒，tòng 痛，nóng 农浓脓，nòng 弄，lóng 龙咙胧聋笼灯~隆窿，lǒng 拢垄笼~罩，gōng 工弓公功攻供~给宫恭蚣躬，

gǒng 巩汞拱，gòng 共贡供~养，kōng 空~气，kǒng 孔恐，kòng 空~闲控，hōng 轰哄~动烘，hóng 弘红宏虹洪鸿，hǒng 哄~骗，hòng 哄起~，zhōng 中~间忠终钟衷，zhǒng 肿种~类，zhòng 中击~仲众种~树重轻~，chōng 冲充，chóng 虫重~复崇，chǒng 宠，róng 戎茸荣绒容蓉溶榕熔融，rǒng 冗，zōng 宗综棕踪，zǒng 总，zòng 纵，cōng 匆囱葱聪，cóng 从丛，sōng 松，sǒng 耸，sòng 讼宋送诵颂

iong 韵母字：

yōng 拥庸，yǒng 永咏泳勇涌，yòng 用，jiǒng 窘，qióng 穷琼，xiōng 凶兄汹胸，xióng 雄熊

2. 纠正湘方言中的鼻化韵母

普通话中有些鼻韵母在湘方言中错读为鼻化韵母。所谓鼻化韵母，是指发音时气流同时从口腔和鼻腔中呼出的韵母。例如，普通话中"帮个忙儿"的"忙儿 mángr"，发音时鼻韵尾 –ng 丢失，发主要元音 a 时气流同时从口腔和鼻腔中呼出并卷舌，即发成了鼻化音 ã 的卷舌。除后鼻韵母的儿化外，普通话中一般不出现鼻化韵母。湘方言中，鼻化韵母很普遍，普通话中不少前、后鼻韵母被错读成了鼻化韵母。如长沙方言，普通话中的 an 韵母字如"搬、半、盘、瞒"等以及 uan 韵母字"端、团、卵、宽、钻、酸"等被读成了鼻化韵母 õ；an 韵母字"占、缠、闪、扇、善"等被读成了鼻化韵母 ã；ian 韵母字"边、棉、天、连、千"等以及 üan 韵母字"全、泉、轩、宣、选"等被读成了鼻化韵母 iẽ。再如新化方言，普通话中的 ang、uang、eng、an、uan 韵母字如"帮、方、党、桑、刚""光、庄、窗、双、汪""彭、坑、冷、争""半、盘、判、瞒""端、官、宽、酸、碗"等被读成了鼻化韵母 õ。又如溆浦方言，普通话中的 in、ing、iong、ong 韵母字如"斤、紧、琴、银、引""宁、镜、

轻、形、影""穷、凶、熊、勇、用""容、蓉、溶、熔、融"等被
读成了鼻化韵母ĩ；en、in、eng、ing韵母字如"本、门、分、肯、针"
"拼、林、进、心、信""灯、能、更、争、城""病、命、听、零、醒"
等被读成了鼻化韵母ə̃。

为避免把前、后鼻韵母错读为鼻化韵母，首先要记住普通话中的
鼻韵母字有哪些，可借助附录2前后鼻韵母偏旁类推字表帮助记忆。
其次是要掌握鼻韵母的发音要领及与鼻化韵母的主要区别。鼻韵母是
在元音发音快结束时，软腭下垂，鼻腔打开，气流从鼻腔呼出而形成；
鼻化韵母是从开始发元音的时候，软腭就下垂，气流同时从口腔和鼻
腔呼出而形成。容易把鼻韵母发成鼻化韵母的，练习时可把元音和鼻
音韵尾分开来发，可以先练习前、后鼻韵尾 –n、–ng 的发音，再在
鼻韵尾前加上该鼻韵母的主要元音即可。

3. 朗读训练

（1）词语练习

an：贪婪 tānlán　　　　　　反感 fǎngǎn
　　泛滥 fànlàn　　　　　　谈判 tánpàn
　　惨淡 cǎndàn

ian：连年 liánnián　　　　　显现 xiǎnxiàn
　　　天仙 tiānxiān　　　　　腼腆 miǎntiǎn
　　　电线 diànxiàn

uan：乱窜 luàncuàn　　　　　官宦 guānhuàn
　　　贯穿 guànchuān　　　　转暖 zhuǎnnuǎn
　　　传唤 chuánhuàn

üan：眷眷 juànjuàn　　　　　全权 quánquán
　　　轩辕 xuānyuán　　　　　炫炫 xuànxuàn

　　　　　源泉 yuánquán

en：本分 běnfèn　　　　　粉嫩 fěnnèn

　　　振奋 zhènfèn　　　　深沉 shēnchén

　　　认真 rènzhēn

in：濒临 bīnlín　　　　　近邻 jìnlín

　　信心 xìnxīn　　　　　音频 yīnpín

　　引进 yǐnjìn

uen：温存 wēncún　　　　屯垦 túnkěn

　　　滚轮 gǔnlún　　　　馄饨 húntun

　　　谆谆 zhūnzhūn

ün：均匀 jūnyún　　　　　群星 qúnxīng

　　　熏陶 xūntáo　　　　训练 xùnliàn

　　　允许 yǔnxǔ

ang：帮忙 bāngmáng　　　当场 dāngchǎng

　　　螳螂 tángláng　　　浪荡 làngdàng

　　　账房 zhàngfáng

iang：秧苗 yāngmiáo　　　阳光 yángguāng

　　　氧气 yǎngqì　　　　亮点 liàngdiǎn

　　　强大 qiángdà

uang：汪洋 wāngyáng　　　往常 wǎngcháng

　　　忘记 wàngjì　　　　光明 guāngmíng

　　　谎言 huǎngyán

eng：鹏程 péngchéng　　　耿耿 gěnggěng

　　　横生 héngshēng　　　蒸腾 zhēngténg

　　　圣僧 shèngsēng

ueng：嗡嗡 wēngwēng　　　滃江 wēngjiāng

蓊郁 wěngyù	瓮城 wèngchéng
蕹菜 wèngcài	
ing：平静 píngjìng	叮咛 dīngníng
领命 lǐngmìng	庆幸 qìngxìng
影评 yǐngpíng	
ong：动容 dòngróng	瞳孔 tóngkǒng
笼统 lǒngtǒng	红肿 hóngzhǒng
金融 jīnróng	
iong：拥有 yōngyǒu	永远 yǒngyuǎn
用劲 yòngjìn	穷困 qióngkùn
汹涌 xiōngyǒng	
an+ang：担当 dāndāng	弹唱 tánchàng
反方 fǎnfāng	站长 zhànzhǎng
ang+an：茫然 mángrán	淌汗 tǎnghàn
商谈 shāngtán	上山 shàngshān
ian+iang：健将 jiànjiàng	牵强 qiānqiǎng
贤良 xiánliáng	显像 xiǎnxiàng
iang+ian：两点 liǎngdiǎn	江天 jiāngtiān
强健 qiángjiàn	相片 xiàngpiàn
uan+uang：灌装 guànzhuāng	观光 guānguāng
环状 huánzhuàng	晚妆 wǎnzhuāng
uang+uan：光环 guānghuán	慌乱 huāngluàn
狂欢 kuánghuān	撞断 zhuàngduàn
en+eng：本能 běnnéng	真正 zhēnzhèng
神圣 shénshèng	认证 rènzhèng
eng+en：捧人 pěngrén	更甚 gèngshèn

	承认 chéngrèn	生辰 shēngchén
en+ong:	粉红 fěnhóng	珍重 zhēnzhòng
	慎重 shènzhòng	人中 rénzhōng
ong+en:	统分 tǒngfēn	共振 gòngzhèn
	红人 hóngrén	忠贞 zhōngzhēn
an+ong:	搬动 bāndòng	丹东 dāndōng
	懒虫 lǎnchóng	惨重 cǎnzhòng
ong+an:	动弹 dòngtán	统揽 tǒnglǎn
	龙胆 lóngdǎn	公函 gōnghán
in+ing:	品评 pǐnpíng	亲情 qīnqíng
	心灵 xīnlíng	新型 xīnxíng
ing+in:	病因 bìngyīn	灵敏 língmǐn
	清新 qīngxīn	省亲 xǐngqīn
in+iong:	贫穷 pínqióng	聘用 pìnyòng
	心胸 xīnxiōng	引用 yǐnyòng
iong+in:	胸襟 xiōngjīn	雄心 xióngxīn
	涌进 yǒngjìn	用品 yòngpǐn

（2）绕口令练习

张康和詹丹

张康当董事长，詹丹当厂长。

张康帮助詹丹，詹丹帮助张康。

陈庄城和程庄城

陈庄程庄都有城，陈庄城通程庄城。

陈庄城和程庄城，两庄城墙都有门。

陈庄城进程庄人，陈庄人进程庄城。

请问陈程两庄城，两庄城门都进人，
哪个城进陈庄人，程庄人进哪个城？

栽葱和栽松

冲冲栽了十畦葱，松松栽了十棵松。
冲冲说栽松不如栽葱，松松说栽葱不如栽松。
是栽松不如栽葱，还是栽葱不如栽松？

同姓与通信

同姓不能说成通信，通信不能说成同姓。
同姓可以互相通信，通信并不一定是同姓。

画　像

想画像就画像，画像不像不画像。
不画像想画像，画像又嫌画不像，画像不像再画像。

船和床

那边划来一艘船，这边漂去一张床，
船床河中互相撞，不知船撞床，还是床撞船。

老翁和老翁

老翁卖酒老翁买，老翁买酒老翁卖。

孙伦打靶

孙伦打靶真叫准，半蹲射击特别神，
本是半路出家人，摸爬滚打练成神。

蓝布棉门帘

出前门，往正南，

有个面铺面冲南，

门口挂着蓝布棉门帘。

摘了它的蓝布棉门帘，面铺面冲南，

给它挂上蓝布棉门帘，面铺还是面冲南。

帆　船

大帆船，小帆船，竖起桅杆撑起船。

风吹帆，帆引船，帆船顺风转海湾。

画圆圈

圆圈圆，圈圆圈，圆圆娟娟画圆圈。

娟娟画的圈连圈，圆圆画的圈套圈。

娟娟圆圆比圆圈，看看谁的圆圈圆。

长城长

长城长，城墙长，

长长长城长城墙，

城墙长长城长长。

杨家养了一只羊

杨家养了一只羊，蒋家修了一道墙。

杨家的羊撞倒了蒋家的墙，蒋家的墙压死了杨家的羊。

杨家要蒋家赔杨家的羊，蒋家要杨家赔蒋家的墙。

王庄和匡庄

王庄卖筐，匡庄卖网，

王庄卖筐不卖网，匡庄卖网不卖筐，

你要买筐别去匡庄去王庄，

你要买网别去王庄去匡庄。

（3）综合练习

病起书怀

［宋］陆游

病骨支离纱帽宽，孤臣万里客江干。

位卑未敢忘忧国，事定犹须待阖棺。

天地神灵扶庙社，京华父老望和銮。

出师一表通今古，夜半挑灯更细看。

如今在海上，每晚和繁星相对，我把它们认得很熟了。我躺在舱面上，仰望天空。深蓝色的天空里悬着无数半明半昧的星。船在动，星也在动，它们是这样低，真是摇摇欲坠呢！渐渐地我的眼睛模糊了，我好像看见无数萤火虫在我的周围飞舞。海上的夜是柔和的，是静寂的，是梦幻的。我望着许多认识的星，我仿佛看见它们在对我眨眼，我仿佛听见它们在小声说话。这时我忘记了一切。在星的怀抱中我微笑着，我沉睡着。我觉得自己是一个小孩子，现在睡在母亲的怀里了。

节选自巴金《繁星》

那天我又独自坐在屋里，看着窗外的树叶"唰唰啦啦"地飘落。母亲进来了，挡在窗前："北海的菊花开了，我推着你去看看吧。"她憔悴的脸上现出央求般的神色。"什么时候？""你要是愿意，就明天？"她说。我的回答已经让她喜出望外了。"好吧，就明天。"我说。她高兴得一会儿坐下，一会儿站起："那就赶紧准备准备。""哎呀，烦不烦？几步路，有什么好准备的！"她也笑了，坐在我身边，絮絮叨叨地说着："看完菊花，咱们就去'仿膳'，你小时候最爱吃那儿的豌豆黄儿。还记得那回我带你去北海吗？你偏说那杨树花是毛毛虫，跑着，一脚踩扁一个……"她忽然不说了。对于"跑"和"踩"一类的字眼儿，她比我还敏感。她又悄悄地出去了。

她出去了，就再也没回来。

节选自史铁生《秋天的怀念》

三、声调

（一）普通话声调

声调是指声音高低升降的变化，它贯穿整个字音，在字音里负担重要的辨别意义的作用，也叫"字调"或"单字调"。如"山西 shānxī"和"陕西 shǎnxī"、"大学 dàxué"和"大雪 dàxuě"，这两组词语中声母和韵母都相同，声调不同所以词义不同。调类是指一种语言或方言对声调（字调）的分类。普通话有 4 个调类：阴平、阳平、上声、去声。调类的多少由调值决定。

调值是声调的高低升降曲直等变化，也就是用数字来表示的实际读法。调值的记录通常采用赵元任先生的"五度制标记法"。用一条竖线表示"音高"，分为四等份，从下面最低点开始共分为五度，即"低""半低""中""半高""高"，分别用 1、2、3、4、5 表示。具体见下图：

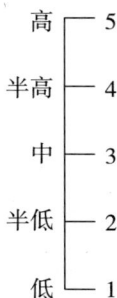

图 1-1　五度标记法图示

这种标记法的竖线本身是个尺度，竖线左边表示调值的高低。从左到右，表示调值的起止点，显示声调调值的基本形状即调形（也写作"调型"）。

一般来说，某种语言或方言里，有几种调值就有几个调类，相同调值的字归为一类。如普通话中有高平调（55┐）、中升调（35╱）、降升调（214╲╱）和全降调（51╲）4 种实际读法，即 4 种调值，分别对应阴平、阳平、上声和去声 4 个调类。具体见下图：

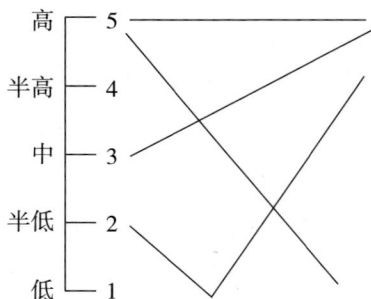

图 1-2　普通话的声调调形

湘方言与普通话调值和调类的关系主要有以下几种情况：（1）调类一样，调值也一样。比如同属于阴平调类的"高"，湘方言娄邵片中某些方言点的调值和普通话一样都是高平调 55。（2）调类一样，调值不一样。比如同属于阴平调类的"高"字，普通话读高平调，调值是 55；湘方言中根据地域的不同或读中平调 33（长沙），或读低降调 21（会同），或读高升调 45（衡阳）。（3）调类不一样，调值一样。比如调值都是中升调 35，在普通话中属于阳平调类，在湘方言娄邵片中某些方言点属于阴去调类。（4）调类不一样，调值也不一样。比如"一"字，在湘方言娄邵片涟梅小片一般属于阴平调类，调值为 33，而在长益片长株潭小片却属于入声调类，调值为 24。

（二）湘方言声调

湘方言的声调一般都是 5 到 7 个（岳阳小片比较特殊），绝大多数去声分阴阳。一部分方言无入声，一部分方言保留了入声调类，但不带塞音韵母尾。（鲍厚星、陈晖，2005）本节从《湘方言概要》（鲍厚星，2006）中选取了湘方言各小片的某些方言点的声调调值，制作了《湘方言声调调类调值举例一览表》供学习者对照。

表 1-4　湘方言声调调类调值举例一览表

方言片	小片	声调调类								
		阴平	阳平	次阳平	上声	阴去	次阴去	阳去	阴入	阳入
长益片	长株潭小片	33	13	–	41	55（45）	–	11（21）	24	–
	益沅小片	33	13	–	41	55（45）	–	11	–	–
	岳阳小片	33	13	–	41	45	24	11	55	22
娄邵片	湘双小片	55	13	23/22	21	45	35	33	–	–
	涟梅小片	33	13	–	31	45	24	11/21	–	–
	新化小片	33	13	–	21	45	–	–	24	–
	邵武小片	55	12	–	42	35	–	24	33	–
	绥会小片	21	31	–	24	55（45）	–	11/22	–	–

续表

方言片	小片	声调调类								
		阴平	阳平	次阳平	上声	阴去	次阴去	阳去	阴入	阳入
衡州片	衡阳小片	55（45）	11	–	33	35	–	213	22	–
	衡山小片	33	11（21）	–	213	55（45）	–	44（34）	24	–
辰溆片		44/33	13	–	23/31	35/24		53/55	–	–
永州片	东祁小片	35/33	211/13	–	453/55	324/35		224/24	33/42	–
	道江小片	33	21		35	24		–	55	

说明：①每个小片里涵盖了从几个到几十个数量不等的方言点，选取时尽量兼顾各片最具代表性的方言点的语音材料。②表中括号内的记录是该声调的实际音值，本节各声调调形图根据声调的实际音值绘制。③同一方言片中不同方言点调值存在明显差异的，我们在列举时用"/"加以分隔。如东祁小片一栏，"/"左边的数字是祁阳（白水）的声调调值，"/"右边的数字是东安（花桥）的声调调值。

根据上表总结湘方言各片声调的基本特征如下：

第一，长益片调类一般为5至6类，调值一致性程度很高：阴平33，阳平13，上声41，阴去55/45，阳去11/21，入声24，或为平调。

第二，娄邵片绝大多数方言点已无入声调，古入声字进入了其他的几类声调，少数地方虽保留了入声调类，但只是部分字保留入声（安化东坪例外），另有部分字进入其他声调。

第三，衡州片调类与长益片长株潭小片相同，一般是6类。衡阳小片的调值和娄邵片中邵阳方言接近；衡山小片中半数调类的调值与长沙方言相同。

第四，辰溆片调类一般都是5类：阴平、阳平、上声、阴去、阳去。无入声调，古入声字主要归阳平（占大多数）和阴去；归阳平的主要是清入及次浊入声字，归阴去的主要是古全浊入声字。阳去一般是高降调或高平调，调值一般为53或55。

第五，永州片东祁小片调类以 6 类居多，道江小片调类为 5 至 7 类。去声区别阴阳，保留入声调类（与长益片相似）。

从上表还可以看出，湘方言中，阴平大多都是平调，只有绥会、衡阳、东祁小片中的个别方言点例外。阳平主要是低升调 13 或 12，但绥会和衡阳、衡山小片的个别方言点阳平为低降调 31、21 或低平调 11。上声，湘方言区绝大多数地方都为降调，只有绥会小片、衡州片、辰溆片和永州片少数方言点例外。阴去，在湘方言中基本都为升调，且大多方言片表现为高升调，只有东祁小片的某些方言点是曲折调。阳去在湘方言中大致读为三种情况：一类是平调，如益沅小片和岳阳小片读为低平调 11，绥会小片是低平调 22，其他读平调的方言点则是中平调 33 或高平调 55。一类是降调，如长株潭小片和涟梅小片读为低降调 21，辰溆片有些方言点是高降调 53。一类是升调，如邵武小片、衡山小片和东祁小片的有些方言点读为 24 或 34。入声，湘方言很多地方为中升调 24，还有一些地方入声是中平调 33 或高平调 55，亦或降调 42。

湘方言的声调情况比较复杂。湘方言区人在学习普通话时，声调相对声母和韵母来说是最难克服的部分。首先，乡音根深蒂固的影响让方言区学习者总是较难掌控好普通话声调的调值以及它们高低升降变化的规律。其次，学习者在了解声调之前，有些已经基本掌握了普通话的声母和韵母系统，在湘方言和地方普通话这种大环境中，即使声调不太标准也不影响交流，所以人们往往会忽视声调的系统性学习和标准化训练。

（三）湘方言区怎样学习普通话声调

1. 湘方言区人学习普通话声调时存在的调值、调形问题及对策

我们根据学习者的情况，以普通话声调为基础，逐条分析和讲解

湘方言区人学习普通话时存在的调值、调形问题。

（1）学习普通话阴平（第一声）时存在的调值、调形问题及对策

湘方言区绝大部分地区的阴平都是中平调33；衡阳、东祁两小片中有些方言点读为升调45或35；绥会小片中某些方言点读为低降调21。具体见下图：

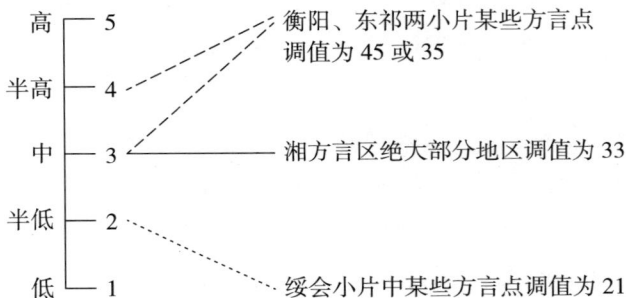

图1-3　湘方言区阴平调调形图

湘方言区人学习普通话阴平调时，一般不会把平调读为升调或降调，而是把调值读得偏低，接近于33或44。

普通话的阴平是高平调55，发音时声带始终绷紧，没有明显变化，读得又高又平。学习者可以借助单韵母读出低、中、高三个不同的平调，体会发高音时声带拉紧，发低音时声带放松的不同感受。这种练习不但可以训练控制声带松紧的技能，还可以为掌握好复杂的升、降、曲三种声调打好基础。我们从两个方面说明阴平的误读问题：

一是湘方言声调调形走向和普通话相一致的情况下，容易出现调值偏低，为中平调33或半高平调44。

湘方言地区有很多方言点的阴平是中平调，调值为33。与普通话阴平调相比，它们调形走向一样，但是湘方言区阴平调音高偏低。

学习者可以练习“阳平 + 阴平”的词语组合，以尾带头来解决阴平调调值偏低的问题。

“阳平 + 阴平”的词语组合，调值搭配是“35+55”，调值示意图是“˧˥ + ˥”。阳平调值为 35，字音音尾的调值高度 5 和后字阴平调的字头音值一样。学习者在正确发完阳平调后，保持声带的紧绷状态，控制音高保持在 5 的高度上，继续发音直到后字结束。这样，可以让学习者体会声带拉紧的感受，从听感上分辨 5 度音高的位置。如：

回家 huíjiā　　蓝天 lántiān　　平安 píng'ān　　爬山 páshān

红花 hónghuā　　航空 hángkōng　　时光 shíguāng　　来宾 láibīn

或者出现字音收尾音值不够高，略微下滑的现象。普通话阴平 55 调，从发音起始到结束音高都没有明显变化，声带需要始终保持统一的紧张程度。而湘方言区人在读字头时调值是 5 度，但在字音收尾的时候，声带没有继续保持紧张，略微松弛了，音高也就稍有下滑，接近 54。如“高 gāo”，正确的调值示意图是“高˥”，字尾音值下滑的调值示意图是“高˥˦”。可以练习“阴平 + 去声”的词语组合来提高字音尾音值。

“阴平 + 去声”的词语组合，调值搭配是“55+51”，调值示意图是“˥ + ˥˩”。后字去声调值 51 中的 5 和前字阴平调的 55 是同等音高，学习者为了保证去声字的发音准确，会尽量控制声带的紧张程度，确保阴平的字尾调值 5 不下降到 4。如：

接触 jiēchù　　音乐 yīnyuè　　通信 tōngxìn　　根据 gēnjù

飞快 fēikuài　　方向 fāngxiàng　　规范 guīfàn　　单位 dānwèi

还有的会出现调值线条不够平，中间凹陷的问题。学习者已经掌握了普通话阴平调值的正确发音方法，但在发音训练的过程中，由于紧张或者是为了强调例字声调的完整程度，矫枉过正，延长发音，就会让声调发生轻微变形，中间有凹陷的感觉。如"昌 chāng"，正确的调值示意图是"昌˥"，出现偏误后的调值示意图是"昌˄"。

二是湘方言声调调形走向和普通话不一致的情况下，衡阳小片、东祁小片中个别方言点阴平调读为升调，调值是 45 或 35；绥会小片中某些方言点读为低降调 21。虽然这些地方的阴平调形走向和普通话不一样，但当地人在说普通话时所表现出来的声调问题和湘方言区的其他地区基本一致，可以参考第（1）点中所列举的解决方法进行训练。

（2）学习普通话阳平（第二声）时存在的调值、调形问题及对策

湘方言的阳平主要是低升调 13；绥会、衡山、东祁和道江 4 个小片的部分方言点阳平是降调 31 或 21；衡阳小片的阳平是低平调 11。具体见下图：

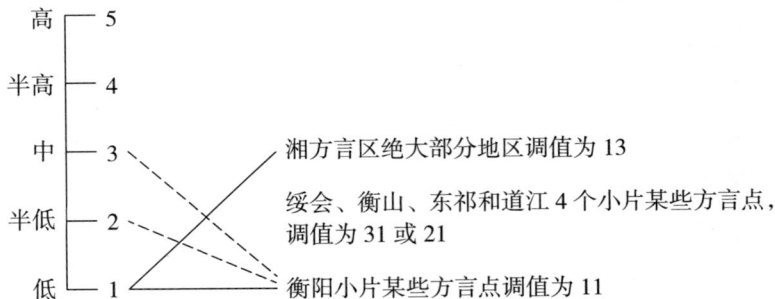

图 1-4　湘方言区阳平调调形图

湘方言区绝大多数人学习普通话阳平调时，不会出现声调调形走向错误，通常容易出现的问题是音节开头起音位置太低，调尾音值高度不够，接近于 13 或 24。

普通话的阳平是中升调 35。发音时声带先不松不紧，然后逐渐拉紧。调头起于中位 3 度，渐渐地直线上升，升到最高点 5 度。发好

阳平的关键是起调要保持较高，升高时要直接上升，不要拐弯上升。
我们从两个方面说明阳平的误读问题：

一是湘方言声调调形走向和普通话相一致的情况下，容易出现调头起音过低，整体音高不够，接近 13 或 24。

湘方言区绝大部分地区的阳平调形走向与普通话一致，为低升调，调值是 13。学习者可以通过练习"阴平＋阳平"的词语组合，提高阳平调音节发音的起音位置，提高该字的整体音高。

"阴平＋阳平"的词语组合，调值搭配是"55+35"，调值示意图是"┐+／"。因为阴平调值是 55，为高平调，学习者发完阴平后，前字末尾调值还保持在一个比较高的调域，可以避免后字的起始音值出现过低的情况。如：

优良 yōuliáng　　欢迎 huānyíng　　中华 zhōnghuá　　科学 kēxué

通俗 tōngsú　　青年 qīngnián　　支持 zhīchí　　新闻 xīnwén

或者出现收音不到位的现象，只收到 4 度，即发成 34。有些学习者在发阳平的时候，起音调值是 3 度，但在发音的过程中，受平时发音习惯的影响或因发音速度过快，导致发音不够完整，收音不到位，字尾调值只到 4 度。这种情况可以借助肢体动作巩固调形、调值记忆。详细训练方式见本节"5.学习普通话声调时调值、调形问题的训练方式"中的第（4）点。

还有的会出现矫枉过正的问题，调形尾端拐弯或超过最高点 5 度。在读阳平时，有些学习者矫枉过正，为了让字尾音值达到 5 度，采用了加重或延长字音的方式，使该字调形尾端拐弯上升，或直接超过最高点 5 度。用调值示意图表示为"／"或"／"。如把"钱 qián"读成了"钱 qián"。我们要正确掌握普通话阳平调的发音方法，认真对比正误两种发音之间的差异，反复练习，克服拐弯和延长音。

二是湘方言声调调形走向和普通话不一致的情况下，湘方言区的阳平调有读为低降调和低平调的。虽然这些声调和普通话阳平调的调形走向不一样，但人们在说普通话时很少受到影响，所以仍然可以参照阴平问题的解决方式进行训练。

（3）学习普通话上声（第三声）时存在的调值、调形问题及对策

湘方言的上声除了衡山小片读为213，东祁小片有读为453的情况外，其他地区都不读为曲折调，绝大多数地区上声都是降调。衡州片、辰溆片和永州片比较复杂，读为平调、升调和降调的情况都有。具体见下图：

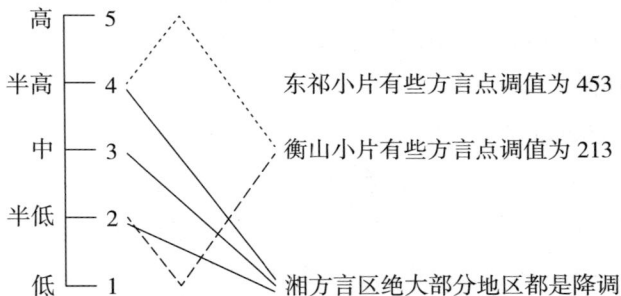

图 1-5　湘方言区上声调调形图

普通话的上声为曲折调，是降升调214。起头时比阳平的调头低，先在2度，略微下降到1度，然后拖长，再折转升高到4度。声带由较松慢慢到最松，再很快地拉紧。上声是普通话四个声调中较难掌握，也是在语流中变化较多的一个声调。这里我们主要总结上声在读单字音时的发音问题：

第一，曲折中偏误。湘方言中除极少数方言点外都没有曲折调，学习者在处理上声发生曲折的位置时，容易出现以下两类问题：

一类是曲折两次，调形呈"W"形。学习者在读上声字的时候，为了发完整的曲折调，往往会刻意放慢速度，延长发音，强调曲折的

过程，无形中曲折了两次，曲折调形呈"W"形。调形示意图是"⩊"，调值接近21214。如"美√"读为"美⩊"。

一类是曲折过硬，中间的低音过低。普通话上声调中的降升变化是平滑的弯曲变化，调值是214。湘方言区人由于本地方音中没有曲折调，在学习过程中，有时会出现曲折过硬的情况。如果曲折过于生硬，就形成一个硬拐弯，直下直上，听感上比较生硬。用调形示意图表示为"√"。如"厂√"读为"厂√"。

学习者出现上述两类问题的根源是湘方言区人没有曲折调的概念和发音习惯。语言和音乐是相通的。学习者可以把声调的单字音训练想象为音乐基础的音阶训练，即在做"ā、á、ǎ、à"四声训练时，不刻意加重也不随意放松，感受声调调值间延长和变化的线条流动性，也可以加入肢体的动作进行辅助。

第二，中段调值偏高，降幅不明显。学习者发上声时容易出现中段调值偏高的问题，即不能显示上声先低降后升起的曲折形式。曲折拐弯处没来得及曲折就直接向上升为4度，发得如同"直上"调一般，调值接近24，常常和阳平相混。学习者可以做双音节词语上声的变调训练，先把上声动态发音中的降调发标准，再练习完整的曲折调。"上声+非上声"的音变规律是，前字的调值从214变为21，再加后字本调。如：

表1-5　"上声+非上声"的音变规律

调类搭配	调形示意图	调值	例词
上声+阴平	√+ˉ	21+55	火车　北方　表彰
上声+阳平	√+ˊ	21+35	旅行　草原　旅游
上声+去声	√+ˋ	21+51	喜庆　柳树　丑恶

（4）学习普通话去声（第四声）时存在的调值、调形问题及对策

湘方言区的去声分阴阳，即有阴去和阳去两种去声调类。有几个方言小片甚至还有去声三分的情况。不管分为几种调类，整个湘方言区阴去基本都为升调，且大多方言片表现为高升调，只有东祁小片的某些方言点是曲折调。阳去在湘方言中的今读情况相对来说复杂一点，大致分为三种情况：平调、降调和升调。具体见下图：

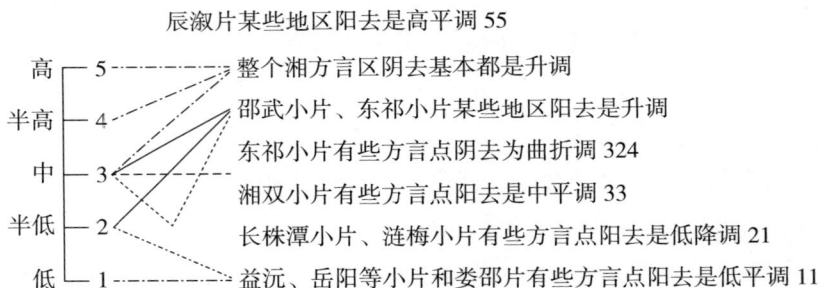

辰溆片某些地区阳去是高平调55

高 —— 5 ----- 整个湘方言区阴去基本都是升调

半高 —— 4 ----- 邵武小片、东祁小片某些地区阳去是升调

中 —— 3 ----- 东祁小片有些方言点阴去为曲折调324

　　　　　　 湘双小片有些方言点阳去是中平调33

半低 —— 2 ----- 长株潭小片、涟梅小片有些方言点阳去是低降调21

低 —— 1 ----- 益沅、岳阳等小片和娄邵片有些方言点阳去是低平调11

图 1-6　湘方言区去声调调形图

湘方言中去声读为升调这一特点覆盖面很广，以致很多人在说普通话时，把去声读成了升调。普通话去声调的调形是高降调，又称"全降调"，调值为51。发音时声带先拉紧后放松。声音由高5度猛然下降，一直降到低1度。发好去声的关键在于起调要高，迅速下降，干脆不拖沓。湘方言区去声误读情况比较统一，具体情况分析如下：

一是声调调形错误，读为升调。学习者由于受当地方言的影响，说普通话时，去声在动态语流中经常发生调形错误，读为升调，调值接近方言去声调值45。如"去╲"读为"去╱"。这也是湘方言区地方普通话的一个最显著的特征。

二是调头过低或收音不到位。在去声调形正确的情况下，有些学习者会出现音节起始位置调值过低或收音不到位的情况。前者是从3

或 4 度开始起音，然后直接下降到 1 度，即读成 31 或 41；后者是字尾收音只到 3 度，即读成 53。可以通过练习"阴平 + 去声"的词语组合，提高去声调发音的起音位置，解决调头过低的问题。

学习者在发完前字阴平调值 55 后，控制好声带的紧张程度，延续到后字的调头 5。这样，三个 5 度连读相对来说比较容易保持在同一音高高度。如：

庄重 zhuāngzhòng　　经济 jīngjì　　深入 shēnrù　　声调 shēngdiào

收音不到位在很大程度上是因为发音过程时长不够，造成字音收尾比较仓促，短且生硬，或是学习者气息不够下沉。可以学习科学的发声方法，通过腹式呼吸法训练让气息沉下来。首先，深呼吸，一口气吸到小腹，一定要吸得深，但不用吸满（七八分就行）。其次，一口气息到位，瞬间腰腹一圈被气息撑满，并且不要泄掉，保持住腰腹的对抗感。然后开口说话，这时全身的力气是向下用力。也可以通过搬重物、抬桌子等动作来体会腰腹向外扩张的感觉。

（5）学习普通话声调时调值、调形问题的训练方式

普通话声调总的特点是：调形区分明显，一平，二升，三曲，四降，不容易混淆；调值高扬成分多。阴平是高平调，阳平是中升调，去声是高降调，上声虽然基本特征是低调，但在单字调的后半段也表现为上扬，终点在 4 度。湘方言区人由于本地方音的影响或学习过程中的某些原因造成了说普通话时声调错误或偏误。另外，还有一部分人由于自身对声调这类非音质音位不敏感，听音辨音能力弱，也会影响普通话声调的学习效果。针对这些情况，我们提供五种训练方式，供学习者参考：

第一，借助音乐体会声音高低升降的变化。湘方言区的人可以通过声乐中的七个音阶训练（do re mi fa sol la si）感受声音高低升降的变化和差异，继而感受湘方言和普通话声调系统中相同调形之间音

高的差异，如 33 和 55、13 和 35 等。

第二，进行调值的听辨、发音训练。用单元音 a 练习基本的调形。只分辨出平调、升调、降升调和降调即可，开始时可以不计较调值的高低度。练习一段时间后，加大声调音高之间的差异，尽量使调值接近普通话的音高。最后，设计不同调值的对比听辨、发音训练。如 a 平—a 升，a 升—a 平，a 降—a 平，a 降—a 平—a 降升。

第三，模仿标准的发音，进行对比。可以通过观看或收听自己喜欢的节目或栏目，模仿其中喜欢的对话或讲解片段并进行录音，找出差异，通过反复对比进行练习。

第四，巧用肢体示范，引导声调训练。可以借助上肢和头部的动作配合做声调训练。如阳平调，调值为 35，是中升调。可以想象胸部和头部构成一个四边形，把右手放在胸前西南方向（左下方），开始发音，右手在发音的过程中往东北方向（右上方）移动，最后停在头部右上方。整个发音过程中，头部也可以往右边倾斜上扬，幅度不用太大。

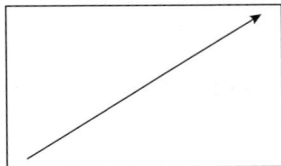

图 1-7　阳平调胸前手势走向示意图

上图中的箭头标示只代表声调调值走势的方向，没有考虑调值数字的具体位置。

第五，多种组合方式辅助声调训练。声调的练习应结合气息、声带、共鸣的控制同步进行。有句顺口溜儿：第一声，起音高平莫低昂，气势平匀不紧张；第二声，从中起音向上扬，用气弱起逐渐强；第三声，上声先降转上挑，降时气稳扬时强；第四声，高起直送向低唱，强起到弱要通畅。这些基本上反映了声调与气息的关系。

2. 湘方言区人学习普通话声调时存在的正音问题及对策

湘方言区人学习普通话声调时一般存在两大类问题：一类是知道字音的声调但读不准确；一类是不知道所读字应该是哪个声调。前者在"湘方言区人学习普通话声调时存在的调值、调形问题及对策"里进行了详细的分析和讲解，接下来重点解决正音问题，即不知道这个字在普通话中读哪一个声调造成错读的情况。

现代汉语的声调系统是从古代汉语发展演变而来的。现代汉语声调调类沿用了古代汉语的调类名称，这便于找出现代汉语声调的演变规律，便于方言与方言、普通话与方言之间声调调类的比较。中古音的"四声"是指平声、上声、去声、入声四类。汉语的声调往往由于古音声母的清浊不同使平、上、去、入分化为"阴""阳"两类。这样古四声实际分化为阴平、阳平、阴上、阳上、阴去、阳去、阴入、阳入八类。普通话从古音系统演变而来有其对应的规律，即"平分阴阳、（全）浊上归去、去声不变、入派三声"。

（1）普通话古今调类的对应关系

古平声清声母字，普通话读阴平，如"高、天、飞"。

古平声浊声母字，普通话读阳平，如"唐、时、人"。

古上声清声母字、次浊声母字，普通话读上声，如"古、草、暖"。

古上声全浊声母字，普通话读去声，如"近、似"。

古去声字不论古声母的清浊，普通话一律读去声，如"正、大、怒"。

古入声调类在普通话声调中消失，分别归入阴平、阳平、上声和去声。古入声清声母字，普通话读阴平、阳平、上声、去声的都有，如"黑、急、窄、各"。古入声全浊声母字，普通话读阳平，如"杂、服"。古入声次浊声母字，普通话读去声，如"入、药"。

（2）湘方言古今调类的对应关系

普通话中共有4个声调：阴平、阳平、上声和去声。湘方言区的声调有5到7个，除了普通话中的4个声调之外，还有阳去、（次）阴去和入声。虽然湘方言区声调系统比普通话复杂，但总的还是分为平、上、去、入这四大类。古调类（中古音）和湘方言调类的对应关系是"平分阴阳，清和次浊上归上声，（全）浊上归阳去，去分阴阳，入声分派或保留"。

古平声清声母字，湘方言读阴平，如"高、天、飞"。

古平声浊声母字，湘方言读阳平，如"唐、时、人"。

古上声清声母字、次浊声母字，湘方言读上声，如"古、草、暖"。

古上声全浊声母字，湘方言读阳去，如"近、似"。

古去声字根据声母的清浊不同，湘方言读阴去和阳去。具体情况见下文的"湘方言中阳去字的来源及今读情况"。

无入声调类的方言点入声字根据古声母的清浊及今声母是否送气，读阴平、阳平、阴去和阳去。具体情况见下文的"湘方言中入声字的今读情况及判定规律"。

湘方言中有些方言点有去声一分为三的现象。如涟梅小片的涟源_{蓝田}，去声分为阴去、次阴去和阳去。还有些方言点入声分阴阳。如岳阳小片的荣家湾，入声分为阴入和阳入。这种情况所占比例很小，在这节内容中不再进行整理归纳。

（3）湘方言和普通话声调调类的对应关系

我们绘制了《湘方言和普通话声调调类对应关系图》，方便湘方言区人掌握普通话字音的声调。

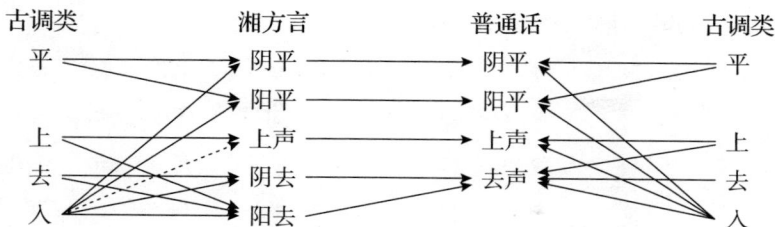

图 1-8　湘方言和普通话声调调类对应关系图

说明：古入声字派入上声在湘方言中是极个别的，我们用虚线表示。

从上图可以看出，湘方言声调和普通话声调存在许多显而易见的对应关系：

普通话中读阴平，湘方言中也读阴平。

普通话中读阳平，湘方言中绝大多数也读阳平。

普通话中读上声，湘方言中一般也读上声。

普通话中读去声，湘方言中读为阴去和阳去。

湘方言中部分地区入声自成一类；部分地区古入声字在湘方言中根据不同条件派入阴平、阳平、上声（极少）、阴去和阳去。

湘方言与普通话声调调类的对应关系中，只有去声和入声出入比较大。普通话中今读去声的，湘方言中读为阴去和阳去。普通话中入声字派入其他调类，湘方言中部分地区入声字也派入其他调类，但仍有部分地区保留了入声调类。我们只要掌握好湘方言中属于阳去和入声两类字的读音，就能解决好声调的正音问题。

①湘方言中阳去字的来源及今读情况

湘方言中阳去字绝大多数来源于古去声浊声母（全浊和次浊）字，还有少数方言点的阳去字中有部分来源于古去声清声母字，这些字和普通话的去声相对应。下面列举古去声全浊声母字 187 个，古去声次浊声母字 159 个，这些字在普通话中都读去声。

古去声全浊声母字187个：

耙　败　办　瓣　刨~子　薄~荷　暴　备　背~面
被　焙　币　毙　弊　避　便~利　病　步
埠　叛　佩　饭　份　忿　凤　俸　缝~隙
附　复　大　代　袋　单　但　弹~弓　蛋
宕　盗　地　邓　澄　瞪　递　第　电
佃　垫　奠　殿　调　掉　定　洞　豆
逗　度　渡　镀　段　缎　队　兑　钝
驮~子　共　柜　溃　害　汗　焊　翰　憾
号口~　和附~　贺　恨　横蛮~　哄起~　候　互　护
华~山　画　话　桦　坏　幻　宦　换　患
会开~　绘　惠　慧　忌　剂　饯　贱　健
腱　匠　校~对　轿　净　竞　旧　就　具
惧　倦　郡　系　下　夏　县　现　陷
馅　羡　巷　效　械　谢　袖　续　旋~风
眩　殉　乍　寨　站　绽　召　阵　郑
治　滞　稚　仲　宙　骤　助　住　传自~
赚　状　撞　坠　膳　上　尚　邵　射
慎　盛~开　剩　示　事　侍　视　逝　嗜
誓　寿　授　售　树　睡　顺　瑞　载装~
暂　脏内~　藏宝~　赠　自　字　座　禅　寺
饲　讼　诵　颂　遂　隧　穗

古去声次浊声母字159个：

骂　迈　卖　幔　漫　慢　茂　冒　贸
帽　貌　妹　昧　媚　闷烦~　孟　梦　面
妙　庙　命　谬　磨石~　募　墓　慕　暮

那	奈	耐	难~友	闹	内	嫩	腻	念
酿	尿	宁~可	弄	怒	糯	赖	烂	滥
浪	涝	泪	类	累劳~	厉	吏	丽	励
利	例	隶	荔	痢	练	炼	恋	亮
谅	辆	量重~	料	廖	吝	赁	另	令
溜~嗓子	陋	漏	赂	路	露	乱	论	虑
滤	汇	让	绕	刃	认	任~务	纫	韧
锐	闰	润	艾	碍	岸	傲	饿	二
贰	外	万	妄	忘	旺	望	卫	为~了
未	位	味	胃	谓	猬	魏	问	卧
戊	务	误	悟	雾	艳	验	谚	雁
焰	样	耀	夜	义	艺	议	异	易
谊	肆	毅	硬	用	又	右	佑	柚
芋	预	遇	喻	御	寓	裕	誉	豫
院	愿	晕~船	孕	运	韵			

以上例字都来自《通用规范汉字表》的一级字表。

②湘方言中入声字的今读情况及判定规律

古入声字在湘方言中，部分地区根据不同的条件派入其他的调类；部分地区保留了入声调类，但不带塞音韵母尾。例如，长沙话有6个声调，其中就有入声调类；溆浦话却只有5个声调，入声调消失，今读为阳平的约有66%，读为阴去的约有30%。具体情况如下：

湘方言区声调系统中没有入声的方言点有：长益片的益阳、桃江、沅江、湘阴、汨罗；娄邵片的湘乡城关、湘乡梅桥镇新桥村、湘乡泉塘、双峰城关、双峰梓门桥、娄底、涟源蓝田、安化梅城、安化东坪、新邵、邵东、洞口黄桥镇、武冈、新宁、绥宁、城步、冷水江金竹山；辰溆片的泸溪、辰溪、溆浦。这些地区古入声字大部分派入阳平和阴去；

邵东、隆回等地的古入声字派入阴平、阴去和阳去。而湘西南绥宁南部、会同等地，古入声字部分派入阴平、阴去和上声，这种归派的规律在娄邵片乃至整个湘方言区都是独特的。

湘方言区声调系统中有入声的方言点有：长益片的长沙、宁乡下宁乡、湘潭、株洲、南县、安乡东南部、浏阳西部、平江岑川；娄邵片的韶山、邵阳、涟源桥头河、宁乡上宁乡、新化；衡州片的衡山前山、衡阳；永州片的祁阳、祁东。在这些地区，绝大多数方言点的入声自成一类，仍为入声，如长沙、株洲、南县；还有一些地区只有部分入声字自成调类，另一部分读入其他调类，如邵阳、衡阳。

综上所述，湘方言区入声字在当今湘方言中根据不同条件派入阴平、阳平、上声（极少）、阴去和阳去，并且大部分归为了阳平和去声。在确定湘方言入声字的今读情况之后，学习者还要掌握入声字的判定规律，即哪些字是入声字，哪些字不是入声字，这样才能记住湘方言中入声字今读普通话的正确声调。具体如下：

普通话中，凡鼻音韵尾（–n、–ng）字都不会是古入声字。

普通话中，以 m、n、l 为声母的字，在阴平、阳平、上声里一般都不是古入声字，如"麻、马、米、乃、泥、牛"等字。

普通话中，以 b、d、g、j、zh、z 等不送气塞音、塞擦音为声母的阳平字都是古入声字。如：

b：拔跋白荸别伯驳帛勃舶脖博渤薄单~

d：达答得德敌笛嫡牒叠碟毒独读渎牍掇夺铎

g：革阁格葛~布隔国

j：及吉级极即急疾集籍夹~层劫杰洁截竭局菊橘决诀角~斗觉~得绝掘爵嚼

zh：札铡宅折~断着~凉执直侄值职轴竹逐烛浊啄琢雕~镯

z：杂凿则责择选~贼足卒族昨

普通话中，声母 d、t、l、z、c、s 与韵母 e 拼合时，都是古入声字。如：

de：得~到德　　　　　　te：特

le：乐快~勒~索　　　　　ze：则责泽仄

ce：册侧测策　　　　　　se：色涩瑟塞堵~

普通话中，声母 k、zh、ch、sh、r 与韵母 uo 拼合时，都是古入声字。如：

kuo：扩括阔廓　　　　zhuo：拙捉桌卓酌啄着~衣琢雕~镯

chuo：戳绰　　　　　shuo：说　　　ruo：若

普通话中，声母 b、p、m、d、t、n、l 与韵母 ie 拼合时，都是古入声字，只有"爹"字除外。如：

bie：憋鳖别区~别~扭　　　pie：瞥撇

mie：灭篾　　　　　　　　die：跌谍喋牒叠碟

tie：帖贴铁　　　　　　　nie：捏聂镊孽

lie：列劣冽烈猎裂

普通话中，声母 d、g、h、z 与韵母 ei 拼合时，都是古入声字。如：

dei：得亏~　　gei：给分~　　hei：黑　　　　zei：贼

普通话中，声母 f 与韵母 a、o 拼合时，都是古入声字。如：

fa：发~现乏伐罚法发头~　　fo：佛

普通话中，凡读 üe 韵母的字，都是古入声字，只有"瘸""靴"等个别字除外。如：

nüe：疟虐　　　　　　　lüe：掠略

jue：决诀角~色觉知~绝掘爵　que：缺却雀确鹊

xue：削剥~穴学雪血~液　　yue：曰约月乐音~阅悦

本章附录了"古入声字普通话读音表"，学习者可以记住这些字的普通话读音，进而掌握好本方言中的入声字。

（四）声调训练

1. 声调对比练习

阴平与阳平对比练习：

呼喊 hū—胡喊 hú　　　　猎枪 qiāng—列强 qiáng

包子 bāo—雹子 báo　　　大锅 guō—大国 guó

拍球 pāi—排球 pái　　　知道 zhī—直道 zhí

窗帘 chuāng—床帘 chuáng　抽丝 chōu—愁思 chóu

大川 chuān—大船 chuán　抹布 mā—麻布 má

开初 chū—开除 chú　　　放青 qīng—放晴 qíng

阳平与上声对比练习：

好麻 má—好马 mǎ　　　土肥 féi—土匪 fěi

战国 guó—战果 guǒ　　老胡 hú—老虎 hǔ

返回 huí—反悔 huǐ　　　小乔 qiáo—小巧 qiǎo

大学 xué—大雪 xuě　　牧童 tóng—木桶 tǒng

白色 bái—百色 bǎi　　骑马 qí—起码 qǐ

琴室 qín—寝室 qǐn　　情调 qíng—请调 qǐng

阳平与去声对比练习：

大麻 má—大骂 mà　　　正直 zhí—政治 zhì

发愁 chóu—发臭 chòu　荆棘 jí—经纪 jì

壶口 hú—户口 hù　　　同情 qíng—同庆 qìng

白军 bái—败军 bài　　肥料 féi—废料 fèi

协议 xié—谢意 xiè　　凡人 fán—犯人 fàn

钱款 qián—欠款 qiàn　糖酒 táng—烫酒 tàng

2. 双音节词语练习

阴平 + 阴平:

参加 cānjiā	西安 xī'ān	播音 bōyīn
东风 dōngfēng	交通 jiāotōng	磋商 cuōshāng
周刊 zhōukān	丰收 fēngshōu	拉丁 lādīng
非洲 fēizhōu		

阴平 + 阳平:

宣传 xuānchuán	优良 yōuliáng	欢迎 huānyíng
中华 zhōnghuá	科学 kēxué	通俗 tōngsú
青年 qīngnián	支持 zhīchí	观摩 guānmó
私营 sīyíng		

阴平 + 上声:

批准 pīzhǔn	发展 fāzhǎn	班长 bānzhǎng
黑板 hēibǎn	灯塔 dēngtǎ	充满 chōngmǎn
争取 zhēngqǔ	思索 sīsuǒ	艰苦 jiānkǔ
生产 shēngchǎn		

阴平 + 去声:

庄重 zhuāngzhòng	播送 bōsòng	音乐 yīnyuè
方向 fāngxiàng	飞快 fēikuài	单位 dānwèi
通信 tōngxìn	经济 jīngjì	深入 shēnrù
声调 shēngdiào		

阳平 + 阴平:

来宾 láibīn	崇高 chónggāo	回家 huíjiā
蓝天 lántiān	平安 píng'ān	除非 chúfēi
同乡 tóngxiāng	红花 hónghuā	航空 hángkōng
时光 shíguāng		

阳平＋阳平：

国旗 guóqí	直达 zhídá	滑翔 huáxiáng
流传 liúchuán	随时 suíshí	儿童 értóng
团结 tuánjié	离别 líbié	停留 tíngliú
人民 rénmín		

阳平＋上声：

华北 huáběi	平等 píngděng	遥远 yáoyuǎn
狭小 xiáxiǎo	泉水 quánshuǐ	寻找 xúnzhǎo
难免 nánmiǎn	截止 jiézhǐ	民主 mínzhǔ
和好 héhǎo		

阳平＋去声：

豪迈 háomài	辽阔 liáokuò	雄厚 xiónghòu
同志 tóngzhì	群众 qúnzhòng	财政 cáizhèng
林业 línyè	情愿 qíngyuàn	局势 júshì
存放 cúnfàng		

上声＋阴平：

解说 jiěshuō	普通 pǔtōng	雨衣 yǔyī
统一 tǒngyī	产生 chǎnshēng	展开 zhǎnkāi
每天 měitiān	转播 zhuǎnbō	许多 xǔduō
广西 guǎngxī		

上声＋阳平：

果园 guǒyuán	远洋 yuǎnyáng	口才 kǒucái
普及 pǔjí	敏捷 mǐnjié	表决 biǎojué
小学 xiǎoxué	统筹 tǒngchóu	指南 zhǐnán
久别 jiǔbié		

上声 + 上声：

北海 běihǎi	表演 biǎoyǎn	展览 zhǎnlǎn
广场 guǎngchǎng	厂长 chǎngzhǎng	领土 lǐngtǔ
鼓掌 gǔzhǎng	打倒 dǎdǎo	感想 gǎnxiǎng
场所 chǎngsuǒ		

上声 + 去声：

稿件 gǎojiàn	请假 qǐngjià	左右 zuǒyòu
主要 zhǔyào	想象 xiǎngxiàng	广阔 guǎngkuò
感受 gǎnshòu	场面 chǎngmiàn	领会 lǐnghuì
选派 xuǎnpài		

去声 + 阴平：

特征 tèzhēng	列车 lièchē	录音 lùyīn
唱歌 chànggē	律师 lǜshī	认真 rènzhēn
办公 bàngōng	矿工 kuànggōng	象征 xiàngzhēng
救灾 jiùzāi		

去声 + 阳平：

问题 wèntí	地图 dìtú	配合 pèihé
调查 diàochá	面前 miànqián	自然 zìrán
化学 huàxué	特别 tèbié	报名 bàomíng
电台 diàntái		

去声 + 上声：

汉语 hànyǔ	阅览 yuèlǎn	幻想 huànxiǎng
默写 mòxiě	下雪 xiàxuě	记者 jìzhě
剧本 jùběn	驾驶 jiàshǐ	恰巧 qiàqiǎo
并且 bìngqiě		

去声 + 去声：

创办 chuàngbàn	大厦 dàshà	惧怕 jùpà
自传 zìzhuàn	破例 pòlì	岁月 suìyuè
射箭 shèjiàn	愤怒 fènnù	庆贺 qìnghè
宴会 yànhuì		

3. 多音节词语练习

四声同调：

春天花开 chūntiānhuākāi	江山多娇 jiāngshānduōjiāo
人民团结 rénmíntuánjié	豪情昂扬 háoqíng'ángyáng
美好理想 měihǎolǐxiǎng	有板有眼 yǒubǎnyǒuyǎn
日夜奋战 rìyèfènzhàn	胜利闭幕 shènglìbìmù

四声顺序：

心明眼亮 xīnmíngyǎnliàng	胸怀广阔 xiōnghuáiguǎngkuò
山河锦绣 shānhéjǐnxiù	山明水秀 shānmíngshuǐxiù
风调雨顺 fēngtiáoyǔshùn	高朋满座 gāopéngmǎnzuò
深谋远虑 shēnmóuyuǎnlǜ	兵强马壮 bīngqiángmǎzhuàng

四声逆序：

破釜沉舟 pòfǔchénzhōu	万马腾空 wànmǎténgkōng
暮鼓晨钟 mùgǔchénzhōng	寿比南山 shòubǐnánshān
万古流芳 wàngǔliúfāng	大显神通 dàxiǎnshéntōng
逆水行舟 nìshuǐxíngzhōu	驷马难追 sìmǎnánzhuī

四声交错：

忠言逆耳 zhōngyánnì'ěr	水落石出 shuǐluòshíchū
得心应手 déxīnyìngshǒu	无可非议 wúkěfēiyì
集思广益 jísīguǎngyì	百炼成钢 bǎiliànchénggāng

轻描淡写 qīngmiáodànxiě   班门弄斧 bānménnòngfǔ

4. 古入声字的普通话读音练习

阴平 + 阴平：

剥削 bōxuē   突出 tūchū   揭发 jiēfā   漆黑 qīhēi

屈膝 qūxī   切割 qiēgē   压缩 yāsuō

阴平 + 阳平：

八十 bāshí   积极 jījí   曲折 qūzhé   缺乏 quēfá

失足 shīzú   脱俗 tuōsú   挖掘 wājué   发达 fādá

阴平 + 上声：

插曲 chāqǔ   七百 qībǎi   擦雪 cāxuě

阴平 + 去声：

拍摄 pāishè   霹雳 pīlì   扑灭 pūmiè   督促 dūcù

割裂 gēliè   忽略 hūlüè   激烈 jīliè   淅沥 xīlì

阳平 + 阴平：

伏击 fújī   节约 jiéyuē   熟悉 shúxī   服帖 fútiē

学说 xuéshuō   袭击 xíjī   杰出 jiéchū   直接 zhíjiē

节拍 jiépāi

阳平 + 阳平：

隔膜 gémó   国籍 guójí   觉察 juéchá   及格 jígé

哲学 zhéxué   竹笛 zhúdí   折叠 zhédié   结局 jiéjú

集合 jíhé   洁白 jiébái

阳平 + 上声：

拔脚 bájiǎo   滑雪 huáxuě   狭窄 xiázhǎi   峡谷 xiágǔ

直属 zhíshǔ

阳平 + 去声：

学业 xuéyè	答复 dáfù	德育 déyù	的确 díquè
学术 xuéshù	格式 géshì	决策 juécè	植物 zhíwù
食物 shíwù	隔壁 gébì		

上声 + 阴平：

抹杀 mǒshā	雪屋 xuěwū	脚迹 jiǎojì

上声 + 阳平：

北伐 běifá	笔直 bǐzhí	匹敌 pǐdí	朴实 pǔshí
雪白 xuěbái	角膜 jiǎomó		

上声 + 上声：

瘪谷 biěgǔ	铁塔 tiětǎ	胛骨 jiǎgǔ

上声 + 去声：

笔墨 bǐmò	法律 fǎlǜ	角落 jiǎoluò

去声 + 阴平：

塞擦 sècā	述说 shùshuō	蓄积 xùjī	扼杀 èshā
益发 yìfā	窒息 zhìxī		

去声 + 阳平：

密集 mìjí	木筏 mùfá	六十 liùshí	克服 kèfú
玉石 yùshí	蜡烛 làzhú	祝福 zhùfú	越级 yuèjí
阅读 yuèdú	确实 quèshí		

去声 + 上声：

肋骨 lèigǔ	勒索 lèsuǒ	烈属 lièshǔ	彻骨 chègǔ
译笔 yìbǐ	乐曲 yuèqǔ		

去声 + 去声：

寂寞 jìmò	默契 mòqì	目录 mùlù	腊月 làyuè
陆续 lùxù	毕业 bìyè	血液 xuèyè	脉络 màiluò

设立 shèlì　　　　碧绿 bìlǜ

5.绕口令练习

姥姥烙酪，酪老，姥姥捞酪；舅舅救鸠，鸠飞，舅舅救鸠；妈妈骑马，马慢，妈妈骂马；妞妞轰牛，牛拧，妞妞扭牛。

牧童磨墨，墨抹牧童一目墨。小猫摸煤，煤飞小猫一毛煤。

松树住松鼠，松鼠爬松树，鼠爬松树树住鼠，鼠住松树鼠爬树。

大猫毛短，小猫毛长。大猫毛比小猫毛短，小猫毛比大猫毛长。

珍珍绣锦枕，绣枕用金针，双蝶枕上争，珍珍的锦枕赠亲人。

王家有只黄毛猫，偷吃汪家灌汤包，汪家打死王家的黄毛猫，王家要汪家赔王家的黄毛猫，汪家要王家赔汪家的灌汤包。

老师老是叫老史去捞石，老史老是让老石去捞石，老石老是看老史不捞石，老师老是说老史不老实。

李莉要用梨换栗，黎里要用栗换梨。不知是李莉的梨换了黎里的栗，还是黎里的栗换了李莉的梨。

牛牛要吃河边柳，妞妞赶牛牛不走。妞妞护柳扭牛头，牛牛扭头瞅妞妞，妞妞扭牛牛更拗，牛牛要顶小妞妞，妞妞捡起小石头，吓得牛牛扭头走。

6.语流中的声调练习

白云飞，白云飘，飘上黄山九重霄；山越高来景越美，最高峰上谁在笑。啊！黄山的云啊，你是那样洁白，那样崇高！（歌曲《白云飞》）

桃花流水三月天，满河渔歌声声甜。迎风撒下金丝网，捞出一个丰收年。（歌曲《捞出一个丰收年》）

春眠不觉晓，处处闻啼鸟。夜来风雨声，花落知多少。（唐·孟

浩然《春晓》）

　　宁化、清流、归化，路隘林深苔滑，今日向何方，直指武夷山下。山下山下，风展红旗如画。（毛泽东《如梦令·元旦》）

7.诗词练习

雨　巷
戴望舒

撑着油纸伞，独自
彷徨在悠长、悠长
又寂寥的雨巷，
我希望逢着
一个丁香一样的
结着愁怨的姑娘。

她是有
丁香一样的颜色，
丁香一样的芬芳，
丁香一样的忧愁，
在雨中哀怨，
哀怨又彷徨。

她彷徨在这寂寥的雨巷，
撑着油纸伞
像我一样，
像我一样地

默默彳亍（chìchù）着，
冷漠、凄清，又惆怅。

她默默地走近
走近，又投出
太息一般的眼光，
她飘过
像梦一般地，
像梦一般地凄婉迷茫。

像梦中飘过
一枝丁香地，
我身旁飘过这女郎；
她静默地远了、远了，
到了颓圮的篱墙，
走尽这雨巷。

在雨的哀曲里，
消了她的颜色，
散了她的芬芳，
消散了，甚至她的
太息般的眼光，
丁香般的惆怅。

撑着油纸伞，独自
彷徨在悠长、悠长

又寂寥的雨巷，

我希望飘过

一个丁香一样的

结着愁怨的姑娘。

8. 篇章练习

猫的性格实在有些古怪。

说它老实吧，它的确有时候很乖。它会找个暖和的地方，成天睡大觉，无忧无虑，什么事也不过问。可是，它决定要出去玩玩，就会出走一天一夜，任凭谁怎么呼唤，它也不肯回来。说它贪玩吧，的确是啊，要不怎么会一天一夜不回家呢？可是，它听到老鼠的一点儿响动，又是多么尽职。它屏息凝视，一连就是几个钟头，非把老鼠等出来不可！

它要是高兴，能比谁都温柔可亲：用身子蹭你的腿，把脖儿伸出来让你给它抓痒，或是在你写作的时候，跳上桌来，在稿纸上踩印几朵小梅花。它还会丰富多腔地叫唤，长短不同，粗细各异，变化多端。在不叫的时候，它还会咕噜咕噜地给自己解闷。这可都凭它的高兴。它若是不高兴啊，无论谁说多少好话，它也一声也不出。

它什么都怕，总想藏起来。可是它又那么勇猛，不要说见着小虫和老鼠，就是遇上蛇也敢斗一斗。

这种古怪的小动物，真让人觉得可爱。

小猫满月的时候更可爱，腿脚还不稳，可是已经学会淘气。一根鸡毛，一个线团，都是它的好玩具，要个没完没了。一玩起来，它不知要摔多少跟头，但是跌倒了马上起来，再跑再跌。它的头撞在门上，桌腿上，撞疼了也不哭。它的胆子越来越大，逐渐开辟新的游戏场所。它到院子里来了。院中的花草可遭了殃。它在花盆里摔跤，抱着花枝打秋千，所过之处，枝折花落。你见了，绝不会责打它，它是那样生气勃勃，天真可爱！

节选自老舍《猫》，有改动

四、音变

要说好普通话，除了发准声母、韵母、声调外，还要注意语流中的音变现象。

普通话的语流音变，是指在连续的语流中音节之间、音素之间、声调之间相互影响，使音节产生了语音变化。语流音变是普通话中的自然现象。普通话语音中常见的音变现象有：轻声、变调、儿化、语气词"啊"的变化等。其中，变调最为常见的有：上声的变调、"一"和"不"的变调、形容词重叠形式的变调。

（一）轻声

1. 普通话的轻声及湘方言的轻声

轻声是普通话的阴平、阳平、上声、去声在一定条件下失去原有的调值，变得又轻又短的音变形式。如"喇叭、粮食、清楚、漂亮"等词中的"叭、食、楚、亮"，单念时都有固定的声调，分别是阴平、阳平、上声、去声，但是在上述词语中却念得又轻又短，变为轻声音节了。

普通话中，轻声是一种特殊的音变现象。普通话的轻声是从阴平、阳平、上声、去声四个声调变化而来的，它并不是四声之外的第五种声调。轻声作为一种特殊的声调变化现象，一般体现在词语和句子中，因此轻声音节的读音一般不能独立存在。由于轻声词语长期处于轻读音节的地位，失去了原有的调值，听感上显得轻短模糊。

在一些人的认知里，湘方言似乎没有轻声。其实，事实正好相反，湘方言是有轻声现象的。如长沙方言中的"石头"，娄底方言中的"太唧（曾祖父）"，汨罗方言中的"他俚"等，都属于轻声。湘方言中的轻声和轻重音的轻音在语音形式上没有太大的区别，但是湘方言的轻声或轻音，与普通话的轻声存在较大的不同。普通话的轻声实际调值一般要依靠前一个音节的声调来确定，湘方言中轻声音节调值的高低很多时候取决于该字自身的声调，与前字关系不大。例如，长沙方言、衡山方言中"桌子、鞋子、枣子、帕子、刨子"的"子"字，前字重读保持本调，后字"子"处于轻读位置，不论前字属于何调类，调值都变为较短的［33］。

2. 湘方言区轻声的错读问题及辨正训练

（1）没有轻声概念，未掌握轻声的准确读音

轻声的性质主要取决于音强和音长，轻声音节又轻又短，其中"轻"指的是声音的强弱，"短"指的是音长较短。轻声读音不规范涉及的就是它的音强和音长。湘方言区人因受母语语音系统的影响，加上后天标准语言环境的缺失，在学习普通话的时候，对轻声的准确读音掌握不好，学习普通话的轻声主要有以下几种错误类型：

第一，轻声读音弱化程度不够，原音节调形依稀可辨。湘方言区学习者在学习轻声的时候，不能完全掌握普通话轻声词的读音规律，或多或少地保留了轻声音节原本的声调调形或调值。如"胡琴"的"琴"，依稀可听出中升调的调形。

第二，轻声时值太短，音强太弱，甚至出现"吃字吞音"现象。湘方言区人在学习普通话的翘舌音、后鼻音等语音时容易出现矫枉过正的现象，学习轻声也常常如此。很多人对轻声的概念理解不准确，

读轻声的时候很容易出现前一个音节时值减短，后一个轻声音节时值太短、音强过弱的情况，严重的还会出现"吃字吞音"。如在读"咱们"这个轻声词的时候，有人将"咱"的音长减短，"们"的韵母尾弱化。

第三，不能掌握轻声中的声母或韵母的变化。不送气清塞音 b、d、g 和不送气清塞擦音 j、zh、z 在轻声音节中大多数的时候会变成其同部位相对应的浊音，如"喇叭 lǎba""我的 wǒde""哥哥 gēge""戒指 jièzhi""累赘 léizhui""名字 míngzi"等。轻声对韵母也有影响，有的轻声音节会将复合元音的韵母尾省去变成单元音，如"连累 liánlei"中"累"的韵母尾"i"几乎被省去，听着像"le"，只是"e"的舌位趋向中央，向央元音［ə］靠拢；有的单元音改变了原来的发音，如"椅子 yǐzi"中的"子"，韵母 –i（前）听着像"e"，只是"e"的舌位趋向中央，向央元音［ə］靠拢；有的轻声音节甚至丢掉了整个韵母，如"豆腐 dòufu"中的"腐"读轻声的时候，"u"丢掉了，变成了"豆腐 dòuf"。总的来说，轻声音节中韵母变化的总趋势是韵母中的主要元音因或远或近地向央元音的区域靠拢而产生了一定的变化。湘方言区学习者缺乏这样的语感，对轻声词语读音中的声母、韵母的变化无法掌握，读或说时显得生硬别扭。

第四，受方言轻读字影响，轻声接近于轻读的平调。北方方言有轻声词，所以辨识普通话的轻声词和读好轻声词对于北方方言区的人来说较容易，但对于湘方言区人却较难。湘方言本身有轻读的语言习惯，导致很多人在读轻声的时候，容易把普通话的轻声与方言中的轻读混淆，使得轻声接近轻读的平调。如把"头发 tóufa"读作"头发 tóufā"，只是"发 fā"的读音轻短一点。加之普通话中轻声词的数量较多，需单独记忆，也加大了湘方言区学习者学习轻声的难度。

要解决这些问题，可以从以下几个方面去纠正：

第一，掌握正确的读音方法，分辨不同声调后轻声的不同读音。

普通话中，轻声的实际调值一般依靠前一个音节的声调来确定。轻声音节的调值一般有两种形式：

一是前一个音节的声调是阴平、阳平、去声的时候，后面的轻声音节是短促的低降调，调值为 31 或 21（下面加短横线表示音长短，下同）。如：

他的 tāde	先生 xiānsheng	休息 xiūxi	庄稼 zhuāngjia
头发 tóufa	活泼 huópo	粮食 liángshi	行李 xíngli
意思 yìsi	漂亮 piàoliang	骆驼 luòtuo	豆腐 dòufu

二是前一个音节的声调是上声的时候，后面的轻声音节是短促的半高平调，调值为 44。如：

我的 wǒde	耳朵 ěrduo	眼睛 yǎnjing	使唤 shǐhuan
马虎 mǎhu	口袋 kǒudai	老实 lǎoshi	暖和 nuǎnhuo

湘方言区人学习轻声的发音，要反复揣摩轻声的正确发音方法，反复听读，反复练习，形成固定的轻声标准读音的语感，这样就不容易出现调形的错误了。

第二，比较方言中的轻音与普通话中轻声的不同，区分不同的轻重格式。在普通话及各方言中，构成一句话的词或词组的每个音节，在音量上是不均衡的，也就是说，双音节或多音节词的各个音节有着约定俗成的轻重强弱区别，称为词的轻重格式。一般来说，音节的轻重可分为重、中、次轻、轻等多级。重、中音节的声调调形完整，彼此之间区别分明；次轻音节中声调弱化，趋短、趋平，部分声调之间趋于合并而未完全合并，仍维持原来的声调调形；轻音节中声调更为弱化，更趋短、趋平，部分声调之间完全合并。

湘方言中的轻音，不能完全等同于普通话的轻声。"轻音"的"轻"是轻重音的概念，"轻声"则是声调的概念，二者概念不同但又有着密切的联系。轻声是受到轻音节的影响，原有的声调发生变化，听感上显得轻短模糊的一种特殊的变调。也就是说"轻声"源于"轻音"。轻声形成之前有一个长期读轻读的过程。当它的声调调值完全发生变化，形成轻声的变调调值后，便成为名副其实的"轻声"了。"轻音"包含了"轻声"音节，"轻声"要比"轻音"的范围小得多。因此，一个"轻音"，如果只是读得轻一些而原字调仍然依稀可见，那么这个音节只是"轻音"，而不是"轻声"。例如，"畜生"中的"生"字，在湘方言区大多数地方都处于轻音的位置，其读法与普通话轻声的读法是不同的。

学习者要注意比较湘方言中的轻音与普通话中轻声的不同，同时注意区分不同的轻重格式。

在湘方言中，双音节词、三音节词的主要轻重格式分别为"中·轻""轻·重"和"中·轻·轻""轻·重·轻""轻·轻·重"。如：

中·轻：	医生	单车	西瓜	电灯	长沙
	字典	太阳	问题	月饼	报纸
轻·重：	开车	上课	开烟	买菜	讲话
	通气	交货	报信	点名	抓紧
中·轻·轻：	书呆子	闹情绪	换衣服	胡椒粉	自家人
	学生腔	朋友们			
轻·重·轻：	提工资	报平安	读死书	吹牛皮	开火车
	修汽车	冒黑烟			
轻·轻·重：	清水塘	通讯员	火车站	图书馆	孙中山
	万金油	卫生院			

其中，末尾轻读的词语在湘方言中占绝大多数，这与普通话的轻重格式有较大的不同。普通话的轻重格式中，末尾重读的词语占多数。

一般来说，普通话中双音节词的轻重格式有4种："中·重"

"重·中""重·次轻"和"重·最轻"。其中以"中·重"格式最多，"重·最轻"格式的词也就是我们常说的轻声词。上面所举的双音节词语，在普通话中的轻重格式如下：

重·中：医生　　西瓜　　问题

中·重：开车　　上课　　开烟　　买菜　　讲话

　　　　通气　　交货　　报信　　点名　　抓紧

　　　　单车　　电灯　　长沙　　字典　　报纸

重·次轻：太阳

重·最轻：月饼

普通话中三音节词的轻重格式有 3 种："中·次轻·重""中·重·最轻"和"重·最轻·最轻"。上面所举的三音节词语，在普通话中的轻重格式如下：

中·次轻·重：胡椒粉　自家人　学生腔　提工资　报平安

　　　　　　读死书　吹牛皮　开火车　修汽车　冒黑烟

　　　　　　清水塘　通讯员　火车站　图书馆　孙中山

　　　　　　万金油　卫生院

中·重·最轻：书呆子　闹情绪　换衣服

重·最轻·最轻：朋友们

湘方言中的四音节词，其轻重格式与普通话相类似，主要有 2 种："中·次轻·中·重"和"中·次轻·重·最轻"。如：

中·次轻·中·重：艰苦奋斗　不以为然　自力更生　奋发图强

中·次轻·重·最轻：如意算盘　鸡皮疙瘩　上党梆子

总的来说，普通话中轻声词虽然有一定数量，但在多音节词语中，最后一个音节重读的词语占优势。所以，如果不注意词语的轻重格式，或者说词语的轻重格式处理得不恰当，就会使我们所说的普通话不自然，听上去有方言色彩。另外，正确掌握语流中词语的轻重变化，可以使我们的口头表达更加强弱有致，和谐动听。

第三，保证前一个音节的音长，注意吐字归音到位。对于轻声音节读音"吃字吞音"的问题，解决的办法有：在保证轻声词前一个音节音长的同时，注意轻声音节的"轻""短"不是不发音，而是更应该将轻声音节的声母、韵母读好，注意普通话声母的发音部位与发音方法，出字时发音部位用力，发韵母的时候注意韵母头有力，韵母腹拉开立起，韵母尾归音到位，通过掌握轻声对音节中声母、韵母影响的因素来解决"吃字吞音"现象。同时，要注意前面分析湘方言区轻声的错读问题时所说的一些声母、韵母在读轻声时会发生的一些变化。如：

巴掌	爸爸	白净	扁担	簸箕	补丁	打扮	打点	名字
木匠	亲家	跳蚤	妥当	位置	祖宗	秧歌	公公	拾掇
椅子	哥哥	喇叭	我们	他们	耳朵	眼睛	姐姐	影子

读这些轻声的时候，要注意不送气清塞音 b、d、g 和不送气清塞擦音 j、zh、z 在读轻声时大多数都会变成其同部位相对应的浊音，同时，有的韵母也会有一定的变化。学习者可以通过反复朗读，比较读轻声和不读轻声时声母与韵母的变化。

（2）不能准确判断哪些词语读作轻声

湘方言区人因受母语语音系统的影响，加上后天标准语言环境的缺失，在学习普通话的时候，一方面，会有轻声词语选择障碍，即无法判定某词语是否是轻声词语。如"庄稼"不读成 zhuāngjiā，而读成 zhuāngjià；"扫帚"不读成 sàozhou，而读成 sàozhǒu；"苍蝇"不读成 cāngying，而读成 cāngyíng。另一方面，受到方言中轻读音节的影响，在学普通话时，把不该读轻声的词语轻读了，读得类似轻声。如把"电视 diànshì"读成 diànshi，把"建设 jiànshè"读成 jiànshe，把"和平 hépíng"读成 héping。

存在这种问题的学习者，首先需要掌握轻声的必读规律。在普通话中，一些轻声的失调非常稳定且负载语法、语义功能，同词汇、语法意义有一定的联系，是属于语法轻声，还有一部分轻声的失调不稳定，不负载语法、语义功能，是属于习惯上要读轻声。湘方言区人要学好普通话，就要掌握这些语法轻声与习惯读轻声的词语。

助词"的、地、得、着、了、过"和语气词"吧、吗、呢、啊"等。如：

你的　　　高兴地　　好得很　　说着　　　跑了　　　看过
好吧　　　是吗　　　人呢　　　不行啊

名词后缀（虚语素）"子、头"及表多数的"们"。如：

桌子　　　馒头　　　我们　　　同学们

某些方位词。如：

桌上　　　墙下　　　树下　　　眼里　　　外边

表趋向的动词。如：

回来　　　扔过去　　看起来　　说下去

重叠式的名词、动词的第二个音节。如：

爸爸　　　哥哥　　　看看　　　听听　　　歇歇

另外，还有一部分双音节词语的第二个音节，习惯上读轻声。如：

篱笆　　机灵　　家伙　　见识　　街坊　　结实　　戒指　　少爷
牲口　　生意　　石榴　　心思　　应酬　　铺盖　　热闹

其次，对于一些可以两读的轻声词语，要注意比较不读轻声与读轻声时词义与词性的不同，丰富语感。习惯读轻声的词语中部分词语有轻声和非轻声两种语音形式，学习者除了感受到意义有区别外，还能感受到读音的不同，语感更加丰富。如"这次活动，我们这个地方（dìfang）的地方（dìfāng）政府特别给力"这句话中，两个"地方"的读音不同，意思也不同。第一个"地方"读轻声，表示某个区域或某个空间的一部分；第二个"地方"读本调，表示中央下属的各级行政区划的统称，跟"中央"相对。

普通话中还有很多这种形式的词语，我们要仔细体会，对比它们的不同：

地道：dìdào 在地面下挖成的通道（多用于军事）。

　　　dìdao 真正是有名产地出产的。

东西：dōngxī 东边和西边。

　　　dōngxi 泛指各种事物。

孙子：sūnzǐ 孙武，春秋末期齐国人。

　　　sūnzi 儿子的儿子。

对头：duìtóu 没有错误；正确；合适。

　　　duìtou 对手；在争论、辩论或其他口头论战中反对某一原则或论点的人。

裁缝：cáiféng 裁剪缝制（衣服）。

　　　cáifeng 以制作或拆改衣服为职业的人。

精神：jīngshén 指人的意识、思维、心理活动等。

　　　jīngshen 活力；精力。

湘方言区学习者应重视这类词语，在表达的时候，要注意选择与这些词的某个当前意思相对应的读音，力争做到准确无误。平时训练时需重点记住这些轻声词语的读音。

另外，一些"子、头"作实语素时，不读轻声，而读本调。如：

电子　女子　学子　布头　眉头　窝头　迎头　源头

对于这样的词语，要注意掌握规律，记住不要读作轻声。

3. 轻声训练

（1）不同声调后的轻声词语发音练习

阴平 + 轻声：趴下 pāxia　　　先生 xiānsheng

金的 jīnde　　　　庄稼 zhuāngjia

阳平＋轻声：石头 shítou　　　银的 yínde

　　　　　　胡琴 húqin　　　含糊 hánhu

上声＋轻声：嗓子 sǎngzi　　　怎么 zěnme

　　　　　　耳朵 ěrduo　　　扁担 biǎndan

去声＋轻声：凳子 dèngzi　　　畜生 chùsheng

　　　　　　木头 mùtou　　　豆腐 dòufu

（2）词语轻重格式的发音练习

双音节词语轻重格式：

中·重：军训　昏黄　课外　口哨　落日　连绵　零乱　毛毯　崎岖

　　　称颂　俯视　恶棍　飞天　响亮　感光　寒流　激进　简易

　　　年岁　稳固　凭证　入伍　劝解　软弱　山崖　清秀　试题

　　　哨所　疏导　搜查　生字　退步　推断　听信　外套　天窗

重·中：正确　光荣　情况　善良　顾虑　价值　质量　顺序　人物

　　　事件　多数　枪支　表示　布置　病人　材料　次数　错误

　　　程度　成全　干部　纪律　会务　界线　教育　交代　邻居

　　　命令　目的　女士　男子　篇目　僻静　趣味　形式　下午

重·次轻：折磨　报酬　知道　别致　玻璃　诚实　聪明　搭讪　道理

　　　惦记　反正　风水　扶手　干净　固执　工人　跟前　好处

　　　后面　花费　黄瓜　活动　祸害　家具　近视　毛病　客人

　　　牌坊　早晨　匀称　葡萄　情形　气氛　敲打　身份　使得

重·最轻：白净　帮手　棒槌　包袱　比方　扁担　称呼　裁缝　凑合

（轻声）柴火　答应　打点　打听　道士　提防　动静　风筝　队伍

　　　膏药　工夫　怪物　行当　红火　寡妇　架势　胡琴　皇上

　　　见识　记号　骨头　累赘　交情　结实　戒指　咳嗽　麻烦

　　　忙活　媒人　门道　难为　能耐　念叨　养活　婆家　勤快

　　　　亲家　生意　石匠　拾掇　舒坦　思量　岁数　冤枉　眨巴

三音节词语轻重格式：

安理会　班主任　长臂猿　胆小鬼　鹅卵石　东道主　电影院　放大镜
高血压　画外音　龙卷风　幼儿园　金字塔　指南针　平衡木　三轮车
外祖父　霓虹灯　蒲公英　清真寺　穆斯林　圣诞节　向日葵　奏鸣曲

四音节词语轻重格式：

百花齐放　背道而驰　别出心裁　此起彼伏　根深蒂固　家喻户晓
脍炙人口　眉开眼笑　排忧解难　前仆后继　如释重负　肆无忌惮
忘恩负义　心旷神怡　震耳欲聋

（3）有规律的轻声词语练习

看着 kànzhe　　跑了 pǎole　　好吧 hǎoba　　我的 wǒde
去过 qùguo　　偷偷地 tōutōude　吃得香 chīdexiāng　石头 shítou
嘴巴 zuǐba　　房子 fángzi　　里头 lǐtou　　床上 chuángshang
屋里 wūli　　底下 dǐxia　　里面 lǐmian　　走来 zǒulai
好起来 hǎoqilai　寄去 jìqu　　拿去 náqu　　星星 xīngxing
看看 kànkan　　走走 zǒuzou　　劝劝 quànquan

（4）习惯读轻声的词语练习

合同 hétong　　狐狸 húli　　葫芦 húlu　　活泼 huópo
工夫 gōngfu　　故事 gùshi　　棺材 guāncai　规矩 guīju
精神 jīngshen　口袋 kǒudai　　困难 kùnnan　帐篷 zhàngpeng
买卖 mǎimai　　玫瑰 méigui　　云彩 yúncai　明白 míngbai
粮食 liángshi　玻璃 bōli　　舒服 shūfu　　老实 lǎoshi
累赘 léizhui　　漂亮 piàoliang　稳当 wěndang　别扭 bièniu
消息 xiāoxi　　火候 huǒhou　　凉快 liángkuai　勤快 qínkuai
爽快 shuǎngkuai　认识 rènshi　　稀罕 xīhan　　对付 duìfu
舌头 shétou　　行当 hángdang　打算 dǎsuan　商量 shāngliang

怎么 zěnme　　为了 wèile　　闺女 guīnü　　月亮 yuèliang

脊梁 jǐliang　　比方 bǐfang　　栅栏 zhàlan　　岁数 suìshu

疟疾 nüèji　　作坊 zuōfang　　热闹 rènao　　利落 lìluo

转悠 zhuànyou　　能耐 néngnai　　甘蔗 gānzhe　　妖精 yāojing

（5）对比练习

本事 běnshi/běnshì　　裁缝 cáifeng/cáiféng　　大方 dàfang/dàfāng

大爷 dàye/dàyé　　地道 dìdao/dìdào　　地方 dìfang/dìfāng

东西 dōngxi/dōngxī　　对头 duìtou/duìtóu　　废物 fèiwu/fèiwù

精神 jīngshen/jīngshén　　门道 méndao/méndào　　人家 rénjia/rénjiā

生意 shēngyi/shēngyì　　实在 shízai/shízài　　世故 shìgu/shìgù

兄弟 xiōngdi/xiōngdì　　自在 zìzai/zìzài

（6）句段练习

　　如今在海上，每晚和繁星相对，我把它们认得很熟了。我躺在舱面上，仰望天空。深蓝色的天空里悬着无数半明半昧的星。船在动，星也在动，它们是这样低，真是摇摇欲坠呢！渐渐地我的眼睛模糊了，我好像看见无数萤火虫在我的周围飞舞。海上的夜是柔和的，是静寂的，是梦幻的。我望着许多认识的星，我仿佛看见它们在对我眨眼，我仿佛听见它们在小声说话。这时我忘记了一切。在星的怀抱中我微笑着，我沉睡着。我觉得自己是一个小孩子，现在睡在母亲的怀里了。

节选自巴金《繁星》

（二）上声的变调

　　在语流中，每个音节都不是孤立的，有些音节会互相影响而产生音高变化，与单念时调值不同，这种变化叫作变调。上声在普通话中是降升调，调值为214，在四个声调中音长最长。普通话的上声音节只有在单念或处于词句的末尾时，才读本调。例如："美、远、好"

等单字;"歌曲、寻找、游泳"等词语中的第二个音节"曲、找、泳";"她很美"中的句末词"美"。

1. 湘方言中上声变调的错读问题及辨正训练

湘方言中,上声不是降升调,当上声处在其他声调之前,一般都不需要变调。如"火车、水壶、演讲、写信、走路"中的上声,在长益片中的长沙、株洲,声调的调值仍然为41,没有发生改变;在衡州片中的衡阳、衡南,声调的调值仍然为33,没有发生改变。

一般来说,湘方言区学习者在说上声加阴平、阳平、去声等词语时,主要的错误体现为,一是将前一个上声音节的半上21或211的调值读成了212,如"紧张 jǐnzhāng"读成了"紧张 jǐn(212)zhāng","野蛮 yěmán"读成了"野蛮 yě(212)mán"。二是当读到或说到上声与上声相连的词语时,容易发生误读。主要错误为:前后两个上声都读成半上(21),如"永远、爽朗"读成了两个半上(21)相连的词语,有的后字还读为了轻声;或将前一个上声字读作半上(21)而后一个上声字读作阳平(35),如"粉笔 fěnbǐ"读作"fěn(21)bí","委婉 wěiwǎn"读作"wěi(21)wán"等;还有一部分学习者将前一个上声字读作高降调,类似普通话的去声,如将"导体 dǎotǐ"读作"dàotǐ",将"匕首 bǐshǒu"读作"bìshǒu"等。

纠正这样的上声变调错误,要注意以下几点:

一是熟练掌握普通话中上声的音变规律。对于湘方言区的普通话学习者来说,熟练掌握普通话上声的音变规律十分重要,用理论指导实践,才能更好地说好普通话。

普通话中的上声在其他音节前,都会产生变调,即由"曲调"(降升调)变为"直调"(降调或升调)。具体情况如下:

上声在非上声前(即在阴平、阳平、去声、轻声前),由降升调变成半上（或称"低降调"，只降不升），调值由 214 变半上 21。如：

上声 + 阴平：

旅居 lǚjū　　　　恐慌 kǒnghuāng　首先 shǒuxiān　　酒精 jiǔjīng

朗声 lǎngshēng　雨滴 yǔdī　　　　股东 gǔdōng　　　景观 jǐngguān

上声 + 阳平：

法则 fǎzé　　　　产权 chǎnquán　　典籍 diǎnjí　　　领头 lǐngtóu

远航 yuǎnháng　永恒 yǒnghéng　　永存 yǒngcún　　祖国 zǔguó

上声 + 去声：

铁道 tiědào　　　诡辩 guǐbiàn　　　把握 bǎwò　　　骨干 gǔgàn

陨落 yǔnluò　　　审讯 shěnxùn　　　古怪 gǔguài　　诽谤 fěibàng

上声 + 非上声变来的轻声：

本事 běnshi　　　打发 dǎfa　　　　暖和 nuǎnhuo　　寡妇 guǎfu

哑巴 yǎba　　　　祖宗 zǔzong　　　怎么 zěnme　　　首饰 shǒushi

上声 + 上声变来的轻声：

耳朵 ěrduo　　　姐姐 jiějie　　　姥姥 lǎolao　　　奶奶 nǎinai

当上声在由上声变来的轻声音节前时，还有另外一种变调情况：前面的上声音节变读为阳平，调值为 35。如：

打点 dǎdian　　　晌午 shǎngwu　　眼里 yǎnli　　　走走 zǒuzou

两个上声相连，前一个上声的调值由原来的 214 变成 35（即阳平）。如：

减少 jiǎnshǎo　　品种 pǐnzhǒng　　铁塔 tiětǎ　　　感慨 gǎnkǎi

匕首 bǐshǒu　　　粉笔 fěnbǐ　　　永远 yǒngyuǎn　远古 yuǎngǔ

三个上声相连，如果后面没有其他音节，也不带什么语气，末尾音节一般不变调。开头、当中的上声音节则根据语音停顿不同来变调：

当词语结构是"双单格"时，即在第二个上声字后停顿，开头、当中的上声音节调值变为 35，即前两个上声变得跟阳平一样。如：

展览馆 zhǎnlǎnguǎn　　手写体 shǒuxiětǐ　　　打靶场 dǎbǎchǎng

水彩笔 shuǐcǎibǐ　　　洗脸水 xǐliǎnshuǐ　　　勇敢者 yǒnggǎnzhě

当词语结构是"单双格"时，即在第一个上声字后停顿，开头音节处在被强调的逻辑重音的位置，第一个上声变半上，调值为 21，第二个上声变阳平，调值为 35。如：

纸老虎 zhǐlǎohǔ　　　撒火种 sǎhuǒzhǒng　　老保守 lǎobǎoshǒu

冷处理 lěngchǔlǐ　　　小蚂蚁 xiǎomǎyǐ　　　纸雨伞 zhǐyǔsǎn

四个或四个以上的上声相连，先根据语义或气息自然分节，也可以按语音的停顿情况来变调，停顿前的上声读半上（21），最后一个上声读本调，其他上声变阳平。如：

岂有此理 qǐyǒucǐlǐ → qíyǒu（21）/cílǐ

美好理想 měihǎolǐxiǎng → méihǎo（21）/líxiǎng

如果是由上声构成的句子，则先按语义或气息自然分节，再按照以上训练要领变读。如：

请你 / 给我 / 打点儿 / 洗脸水。

qǐng nǐ /gěi wǒ /dǎ diǎnr /xǐliǎnshuǐ. →

qíng nǐ（21）/géi wǒ（21）/dá diǎnr（21）/xíliánshuǐ .

二是利用手势辅助，准确掌握上声的读音。上声在普通话的语流中，大部分时候调值很难达到 214，尤其是处在词语中其他音节之前时，一般都不能读为降升调。关于如何读好普通话的上声调值，前面已有论述，此处不再重复。但是，作为学习者我们还是要注意词语相连时上声音节的发音。在读与词语相连的上声音节时，为了保证不把半上读成 212，学习者可以利用手势辅助学习，即在发上声与非上声相连的字词时，起音不要太高。半上是一个从低 2 度开始的低降调，可以借助手势辅助读好它：读的时候，手势迅速往下，形成明显的下降趋势，用这种辅助形式发好半上的低降调。

2. 上声变调的训练

（1）上声在非上声前

上声 + 阴平：

省心 shěngxīn　警钟 jǐngzhōng　百般 bǎibān　　保温 bǎowēn

准星 zhǔnxīng　北京 běijīng　　悄声 qiǎoshēng　广东 guǎngdōng

上声 + 阳平：

股民 gǔmín　　海洋 hǎiyáng　　考察 kǎochá　　语言 yǔyán

旅行 lǔxíng　　改革 gǎigé　　　朗读 lǎngdú　　导游 dǎoyóu

上声 + 去声：

讨论 tǎolùn　　挑战 tiǎozhàn　　感谢 gǎnxiè　　稿件 gǎojiàn

远视 yuǎnshì　　指令 zhǐlìng　　使劲 shǐjìn　　顷刻 qǐngkè

上声 + 轻声：

打算 dǎsuan　　码头 mǎtou　　女婿 nǚxu　　怎么 zěnme

比方 bǐfang　　口袋 kǒudai　　老实 lǎoshi　　里头 lǐtou

（2）两个上声相连

懒散 lǎnsǎn　　简短 jiǎnduǎn　广场 guǎngchǎng　减少 jiǎnshǎo

影响 yǐngxiǎng　引起 yǐnqǐ　　采取 cǎiqǔ　　老鼠 lǎoshǔ

赶紧 gǎnjǐn　　岛屿 dǎoyǔ　　勇敢 yǒnggǎn　雨伞 yǔsǎn

饮水 yǐnshuǐ　　彼此 bǐcǐ　　稳妥 wěntuǒ　　哺养 bǔyǎng

（3）三个上声相连

双单格：管理组 guǎnlǐzǔ　　冷水澡 lěngshuǐzǎo　古典舞 gǔdiǎnwǔ

单双格：撒火种 sǎhuǒzhǒng 小水桶 xiǎoshuǐtǒng 好首长 hǎoshǒuzhǎng

（4）语段练习

一切反动派都是纸老虎。

展览馆里有好几百种展览品。

母亲本不愿出来的。她老了，身体不好，走远一点儿就觉得很累。

我说，正因为如此，才应该多走走。

（三）"一"和"不"的变调

普通话中，"一"的本调是阴平55，"不"的本调是去声51。"一""不"单用或在词句末尾时，不变调，如"一、二、三""始终如一""统一"。另外，"一"作为序数表示"第一"时不变调，如"一楼"。"一"和"不"在不同词语前面是要变调的，具体应根据"一"和"不"后面的音节的声调来确定。

1.湘方言中"一"和"不"变调的错读问题及辨正训练

湘方言中，"一"和"不"的变调现象不明显，因此，学习者在学习普通话的时候，容易忽略"一"和"不"的变调。大致说来，主要有以下两种错误：

第一种错误是不知道"一"和"不"在不同的音节前要变调，所以根据自己方言的语感将"一"和"不"读为本调，即"一"读 yī，"不"读 bù。

第二种错误是知道"一"和"不"要变调，但是没有掌握变读的方法，所以有人全部统读为去声或阳平，也有人在去声或阳平之间随意变换，不加区分。

纠正这样的问题，要注意以下几点：

一是掌握"一"和"不"的变调规律。在普通话中，"一"和"不"的变调很有规律。作为方言区的学习者，一定要掌握这样的规律。

"一""不"在去声前，一律变为阳平。为便于练习，例子中"一""不"均标变调。如：

一切 yíqiè　一概 yígài　一瞬 yíshùn　一致 yízhì　一旦 yídàn

不适 búshì　不吝 búlìn　不啻 búchì　不妙 búmiào　不怕 búpà

"一""不"在非去声（阴平、阳平、上声）前，一律读去声。如：

"一""不" + 阴平：

一封 yìfēng　　一身 yìshēn　　一吨 yìdūn　　一端 yìduān

不依 bùyī　　不知 bùzhī　　不光 bùguāng　　不惊 bùjīng

"一""不" + 阳平：

一旁 yìpáng　　一时 yìshí　　一直 yìzhí　　一头 yìtóu

不妨 bùfáng　　不宜 bùyí　　不暇 bùxiá　　不详 bùxiáng

"一""不" + 上声：

一览 yìlǎn　　一早 yìzǎo　　一起 yìqǐ　　一准 yìzhǔn

不满 bùmǎn　　不仅 bùjǐn　　不忍 bùrěn　　不爽 bùshuǎng

"一"夹在重叠词中间读轻声，"不"夹在词语中间也读轻声。如：

走一走 zǒuyizǒu　　看一看 kànyikàn　　写一写 xiěyixiě

说一说 shuōyishuō　　吃不吃 chībuchī　　会不会 huìbuhuì

听不懂 tīngbudǒng　　对不起 duìbuqǐ

总的来说，"一"和"不"的变调规则记住四句话便能轻松掌握，即"单说起来念本调，去声前面念阳平，非去声前念去声，夹在词中念轻声"。

表1-6 "一"和"不"的变调规律表

位置	一	不
单用或在词句末尾	阴平	去声
非去声前（阴平、阳平、上声前）	去声	去声
去声前	阳平	阳平
夹在词语中间	轻声	轻声

二是不忽视"一"和"不"的变调。有很多学习者是因为只关注字音的正确与否，往往忽视了"一""不"的变调问题。加上"一""不"在拼写的时候，一般都要求标注本调，不标变调，因此，也容易误导一些学习者，以为"一""不"就是读本调。其实，"一""不"和上声的变调一样，在拼写的时候，都是标注本调的，"一"标注 yī，"不"标注 bù，但在具体的说话或者朗读中，要根据具体的情况变调。

2. "一"和"不"变调的训练

（1）单用或在词句末尾和"一"作序数

一、二、三	统一	九九归一	表里如一
百里挑一	独一无二	不管三七二十一	
第一	一楼	一流	
不！决不	偏不		

（2）"一""不"在非去声前

"一""不"+阴平：

| 一般 yìbān | 一家 yìjiā | 一生 yìshēng | 一瞥 yìpiē |
| 不堪 bùkān | 不屈 bùqū | 不安 bù'ān | 不公 bùgōng |

"一""不"+阳平：

| 一群 yìqún | 一同 yìtóng | 一如 yìrú | 一年 yìnián |
| 不曾 bùcéng | 不符 bùfú | 不然 bùrán | 不成 bùchéng |

"一""不"+上声：

| 一首 yìshǒu | 一举 yìjǔ | 一统 yìtǒng | 一缕 yìlǚ |
| 不巧 bùqiǎo | 不逞 bùchěng | 不轨 bùguǐ | 不齿 bùchǐ |

（3）"一""不"在去声前

| 一列 yíliè | 一再 yízài | 一寸 yícùn | 一定 yídìng |
| 不测 búcè | 不断 búduàn | 不便 búbiàn | 不逊 búxùn |

（4）"一""不"夹在词语中间

跳一跳 tiàoyitiào　　拖一拖 tuōyituō　　管一管 guǎnyiguǎn

干不干 gānbugān　　懂不懂 dǒngbudǒng　　能不能 néngbunéng

好不好 hǎobuhǎo　　说不定 shuōbudìng　　打不开 dǎbukāi

（5）"一""不"在成语中

一心一意 yìxīnyíyì　　一丝一毫 yìsīyìháo　　一模一样 yìmúyíyàng

不伦不类 bùlúnbúlèi　　不即不离 bùjíbùlí　　不偏不倚 bùpiānbùyǐ

一窍不通 yíqiàobùtōng　一蹶不振 yìjuébúzhèn　不可一世 bùkěyíshì

（6）语段练习

大小多少要记牢

一个大，一个小，一件衣服一顶帽。

一边多，一边少，一打铅笔一把刀。

一个大，一个小，一只西瓜一颗枣。

一边多，一边少，一盒饼干一块糕。

一个大，一个小，一头肥猪一只猫。

一边多，一边少，一群大雁一只鸟。

一边唱，一边跳，大小多少记得牢。

不字歌

什么是鸡不长毛，田鸡是鸡不长毛。

什么是鹅脖不长，企鹅是鹅脖不长。

什么是牛不耕田，蜗牛是牛不耕田。

什么是马不拉车，河马是马不拉车。

什么是猫不捉鼠，熊猫是猫不捉鼠。

什么是虎不上山，壁虎是虎不上山。

（四）形容词重叠形式的变调

现代汉语的形容词有重叠式，在普通话的口语表达中常常会发生变调。但湘方言区学习者在学习形容词重叠式时，发现这些词语有的变调，有的不变调，于是觉得十分困惑。这些词语到底是需要变调还是不变调？变调又有哪些规律呢？如何读好这些词语呢？

1. 湘方言区学习者形容词重叠形式的读音问题及辨正训练

（1）不知道形容词重叠式的音变规律

湘方言区很多人对形容词重叠式的音变规律不甚了解，所以在学习普通话时感到困惑。其实，只要了解了这种变调的规律并勤加练习，就能读好这些词语。

单音节形容词重叠后儿化，一般用在句子中表达某种期望、祈使或要求，第二个音节往往都要变读为阴平，即调值变为55。如：

好好儿 hǎohāor　　　饱饱儿 bǎobāor　　　早早儿 zǎozāor

长长儿 chángchāngr　慢慢儿 mànmānr　　远远儿 yuǎnyuānr

形容词 ABB 式的叠音后缀，有的会产生变调，重叠的后缀变读为阴平，即调值变成55。如：

沉甸甸 chéndiāndiān　黑洞洞 hēidōngdōng　亮堂堂 liàngtāngtāng

热腾腾 rètēngtēng　　绿油油 lùyōuyōu　　湿淋淋 shīlīnlīn

双音节形容词重叠后，第二个音节变为轻声，第三、四个音节多读阴平，调值为55。如：

认认真真 rènrenzhēnzhēn　　　马马虎虎 mǎmahūhū

老老实实 lǎolaoshīshī　　　　明明白白 míngmingbāibāi

稳稳当当 wěnwendāngdāng　　慢慢腾腾 mànmantēngtēng

但是，读得缓慢时，单音节形容词的叠音后缀和双音节形容词重叠形式也可以不变调。一部分带有书面语色彩的叠音形容词也不变调，如"白皑皑、悲切切、沸沸扬扬、堂堂正正、轰轰烈烈、闪闪烁烁"等。

（2）重读或轻读第二个重叠音节

湘方言区的形容词重叠式在发音时，很多方言为了强调这种生动感，会把重叠的第二个音节读得比较长、比较重，甚至有的还会产生调形的变化。如"沉甸甸"的第二个重叠音节"甸"，因为拖长加重，阴平声调 55 变成 45，成为一个高升调，也有人把第二个音节读作了轻声。

要解决这个问题，除了要掌握音变规律以外，还要注意阴平的发音是高平 55，不能变成高升调。学习者可以借助手势来辅助读好这些音节。记住阴平的调值是 55，要"一路高高一路平"。

另外，除了形容词 AA 儿式的变调一般要变以外，其他形式的形容词重叠式都是可变可不变的。

2. 形容词重叠式的变调训练

（1）AA 儿式

大大儿 dàdār　　快快儿 kuàikuāir　　满满儿 mǎnmānr

暖暖儿 nuǎnnuānr　　稳稳儿 wěnwēnr　　甜甜儿 tiántiānr

短短儿 duǎnduānr　　小小儿 xiǎoxiāor

（2）ABB 式

乱蓬蓬 luànpēngpēng　　热腾腾 rètēngtēng

明晃晃 mínghuānghuāng　　笑吟吟 xiàoyīnyīn

黑黝黝 hēiyōuyōu　　红彤彤 hóngtōngtōng

（3）AABB 式

整整齐齐 zhěngzhengqīqī　　干干净净 gānganjīngjīng

漂漂亮亮 piàopiaoliāngliāng　　痛痛快快 tòngtongkuāikuāi

清清楚楚 qīngqingchūchū　　舒舒服服 shūshufūfū

（五）儿化

在普通话中，有一个比较特殊的韵母 er，它不与声母相拼，通常有两种用法：一是独立表示一个字音；二是跟前面音节的韵母结合，形成儿化韵母。儿化是普通话和某些汉语方言的一种语流音变现象。

儿化韵母的"儿"不是单独的一个音节，而是在前一个音节的末尾附加上卷舌动作。如"花儿"写成 huār，这个"儿"从语音角度分析就是卷舌作用，从词汇性质分析是一个后缀，发音时是在发"a"的基础上加上一个卷舌动作而发出来的音。儿化是普通话中不可或缺的一部分，不仅能区别词义、辨别词性，还能增加语言的表现力。

儿化的主要特点是把"儿"（卷舌动作 r）"化"在与它结合的韵母上，要读得柔软、自然。

1.湘方言区儿化的错读问题及辨正训练

湘方言中几乎没有儿化现象，有的方言不仅没有儿化，连 er 韵也没有，造成一些人不仅不会读儿化韵，er 韵母音节也不会读。随着普通话学习的深入，儿化的运用往往会成为检验发音是否纯正地道的一个重要标准。因此，学好儿化韵也是湘方言区人要重视的一个问题。我们将湘方言区人学习儿化时存在的问题以及解决方法总结如下：

（1）不会读儿化，没有儿化概念

湘方言的语音系统里没有儿化，不少方言中甚至连卷舌韵母 er 都没有，"儿、而、尔、耳、二"在长沙、益阳、新化、涟源、邵阳等方言中韵母都不是卷舌音，而是 e [ə]，在衡阳等个别方言中韵母为卷舌音 er，但舌尖上翘部位较普通话靠前。受到方言的影响，湘方言区的人学习卷舌韵母 er 有难度，很多人按照方言的习惯把韵母 er 读成了不卷舌的 e [ə]，儿化韵母也都没有卷舌色彩。

（2）把儿化读成了两个音节

儿化韵母是两个汉字一个音节，有的湘方言区学习者把儿化说成了两个音节。如"白兔儿 báitùr"，有人读成了"白兔儿 báitù'ér"，"兔儿"变成了两个音节。

（3）儿化读音不标准

学习儿化韵母是件难事，或读得机械，或读得笨拙。很多方言区的人在学习普通话儿化时都感慨：卷舌不难，难的是儿化；儿化也不难，难的是儿化时舌头应该怎样卷或卷到怎样的程度。湘方言区的人在学习儿化时，即使知道要读儿化，也常常读得不够标准，主要表现为：

一是儿化音节卷舌色彩生硬或卷舌色彩不明显。因为湘方言中大多数地方的方言没有卷舌音，甚至没有翘舌音，致使学习者的舌头在生理上习惯了平直的状态，学习儿化时异常艰难。具体表现为儿化音节卷舌色彩生硬或卷舌色彩不明显。有些学习者甚至会根据儿化音节中主要元音的不同而表现出不同的问题：把儿化音节中带有 ar 的儿化韵母读成带有 er 的儿化韵母，如把"刀把儿"中的"把儿"bàr 读成 bèr；把儿化音节中带有 er 的儿化韵母读成带有 ar 的儿化韵母，如把"老本儿"中的"本儿"běnr 读成 bǎr；把儿化韵母 ur 读成 uer，如把"爆肚儿"中的"肚儿"dǔr 读成 dǔer；把儿化韵母 aor、iaor 分别读成 ar、iar，如把"口哨儿"中的"哨儿"shàor 读成 shàr，把"面条儿"中的"条儿"tiáor 读成 tiár；把儿化韵母 our、iour 分别读成 er、ier，如把"纽扣儿"中的"扣儿"kòur 读成 kèr，把"踢球儿"中的"球儿"qiúr 读成 qiér；把儿化韵母 er［ɤr］读成 er［ɛr］，如把"饱嗝儿"中的"嗝儿"gér［kɤr］读成［kɛr］。

二是儿化时卷舌位置过于靠后。在学习儿化时，有人容易出现矫枉过正的情况。具体表现为儿化音节的卷舌位置过于靠后，在听感上显得含混，甚至还导致主要元音舌位靠后，开口度增大，如"小鞋儿"xiǎoxiér 儿化时，"鞋儿"的韵母 iér 变成了 iár。

（4）儿化过多，见词就儿化

北方方言本身有儿化，而把儿化音推至极致的当属北京话。在外人听来，北京人尤其是老北京人几乎到了无词不儿化的地步。所以湘方言区学习者在学习儿化的时候，一定不能走入误区，不要认为儿化多就是普通话标准的体现。过多的儿化会使语言表达含混，而且还容易出现错误。因为有些词儿化与不儿化意思有很大的区别。我们可以比较下面两句话：

这道菜色香味儿（颜色和香气）俱全。

这道菜色香味（颜色、气味、味道）俱全。

普通话中像这样的词其实还有很多，比如火星（天上的行星）与火星儿（小火花）、冰棍（冰做的棍子）与冰棍儿（雪糕等）、画（可以表示画画的动作）与画儿（名词，图画的意思）等。在学习普通话的时候要注意这样的词语，不要说错了。

湘方言区的学习者要说好儿化，可以从以下几个方面去努力：

首先，体会儿化时韵母的发音动程，熟练掌握儿化的卷舌。解决儿化读音不标准的问题，首先要从理论上理解儿化的概念和儿化的具体发音位置，然后从听感上能分辨自己的发音和标准发音的差异，慢慢体会儿化时舌位的变化，找准舌头在口腔中的具体位置。在学习的过程中形成重视儿化音的习惯，把发不好的儿化词标注出来，反复练习，克服儿化音节卷舌障碍，同时还要防止卷舌位置太靠后。

学习时可以先反复比较韵母 e 与韵母 er 的发音区别，注意两个韵母发音时口型与舌头的位置差异，反复进行对比练习。如：

e—er：额 é—儿 ér　　　鹅 é—而 ér　　　饿 è—二 èr

在反复比较了 e 与 er 的发音区别后，再集中练习儿化的发音。如：

打嗝儿 dǎgér　饭盒儿 fànhér　旦角儿 dànjuér　半截儿 bànjiér

其次，掌握儿化的读音规律。普通话儿化的读音有自己的规律，学习者必须熟记并掌握。具体规则如下：

便于卷舌，是指韵母的末尾音素是舌位较低或较后的元音（a、o、e、u）。儿化时原韵母不变，直接卷舌。如：

小花儿 xiǎohuār	豆芽儿 dòuyár	酒窝儿 jiǔwōr
大伙儿 dàhuǒr	高个儿 gāogèr	旦角儿 dànjuér
皮球儿 píqiúr	裤兜儿 kùdōur	白兔儿 báitùr

ie、üe 儿化后主要元音 ê 受儿化影响变为稍稍偏前的卷舌央元音。

ou、iou、ao、iao 几个韵母儿化时，韵母尾保留，从主要元音向韵母尾 –u（–o）方向滑动的全过程中都带有卷舌动作。

不便于卷舌，是指韵母的末尾音素是前、高元音（i、ü）、舌尖元音（–i）或鼻韵母尾（n、ng），末尾音素的舌位与卷舌动作发生冲突，不便于卷舌。儿化发音要领分别是：

丢掉韵母尾 –i、–n（in、ün 除外）、–ng（ing 除外），主要元音卷舌。后鼻韵母丢掉韵母尾 ng 后，往往要使主要元音鼻化。如：

ai/uai：小孩儿 xiǎoháir → xiǎohár　鞋带儿 xiédàir → xiédàr

壶盖儿 húgàir → húgàr　一块儿 yīkuàir → yíkuàr

ei/uei：刀背儿 dāobèir → dāobèr　京味儿 jīngwèir → jīngwèr

麦穗儿 màisuìr → màisuèr

an/ian/

uan/üan：门槛儿 ménkǎnr → ménkǎr　腰板儿 yāobǎnr → yāobǎr

心眼儿 xīnyǎnr → xīnyǎr　差点儿 chàdiǎnr → chàdiǎr

好玩儿 hǎowánr → hǎowár　线圈儿 xiànquānr → xiànquār

en/uen：嗓门儿 sǎngménr → sǎngmér 大婶儿 dàshěnr → dàshěr

一阵儿 yīzhènr → yízhèr　三轮儿 sānlúnr → sānluér

打盹儿 dǎdǔnr → dǎduěr   冰棍儿 bīnggùnr → bīngguèr

ang/iang/

uang: 帮忙儿 bāngmángr → bāngmǎr 鼻梁儿 bíliángr → bíliǎr

蛋黄儿 dànhuángr → dànhuǎr

eng/ueng: 麻绳儿 máshéngr → máshěr 板凳儿 bǎndèngr → bǎnděr

小瓮儿 xiǎowèngr → xiǎowěr

主要元音是 i、ü 的韵母，儿化后在原韵母后加上 er，读儿化韵母时，i、ü 仍然是主要元音，不能像韵母头那样读得短，应该要读得长一些，可以写成 i: er、ü: er。如"小鸡儿"jīr（变读为 jī: er）与"小街儿"jiēr（变读为 jiēr）的读音是有差别的。in、ün 先去韵母尾再加 er，ing 在去掉韵母尾 ng 以后加鼻化的 e，再卷舌。如：

i、ü: 玩意儿 wányìr → wányì: er   米粒儿 mǐlìr → mǐlì: er

金鱼儿 jīnyúr → jīnyú: er   小曲儿 xiǎoqǔr → xiǎoqǔ: er

闺女儿 guīnǚr → guīnǚ: er

in、ün: 皮筋儿 píjīnr → píjī: er   脚印儿 jiǎoyìnr → jiǎoyì: er

花裙儿 huāqúnr → huāqú: er 合群儿 héqúnr → héqú: er

ing: 电影儿 diànyǐngr → diànyǐ: ẽr 打鸣儿 dǎmíngr → dǎmí: ẽr

火星儿 huǒxīngr → huǒxī: ẽr

舌尖元音 -i（前、后）换成 er。如：

瓜子儿 guāzǐr → guāzěr   没词儿 méicír → méicér

有事儿 yǒushìr → yǒushèr   果汁儿 guǒzhīr → guǒzhēr

再次，对比儿化与不儿化的不同，培养儿化语感，正确运用儿化。儿化不仅是一种语音现象，同时还具有词汇意义和语法意义，并且有时还有一定的修辞作用。

区别词义和词性。如：

白面 báimiàn（面粉）——白面儿 báimiànr（指毒品海洛因）

头 tóu（脑袋）——头儿 tóur（领导人）

准 zhǔn（形容词）——准儿 zhǔnr（名词）

尖 jiān（形容词）——尖儿 jiānr（名词）

表示细小、轻微的状态和性质。如：

面条儿 miàntiáor	小辫儿 xiǎobiànr	冰棍儿 bīnggùnr
门缝儿 ménfèngr	小鱼儿 xiǎoyúr	树枝儿 shùzhīr

表示温和、喜爱和亲切的感情色彩。如：

花猫儿 huāmāor	女孩儿 nǚháir	金鱼儿 jīnyúr
老头儿 lǎotóur	好玩儿 hǎowánr	慢慢儿 mànmānr

也有一些词语只是习惯上易儿化，并没有什么区别作用，如"旁边儿""走道儿""圆圈儿"等。

学习这些儿化词的时候，要在具体的语言环境中比较不同，培养儿化的语感，正确运用儿化。试比较：

他是一个我昔日玩得特别好的伙伴儿。（同伴、伙计的意思，儿化表示喜爱、亲切的感情色彩）

他是一个我昔日玩得特别好的伙伴。（不儿化，少了喜爱、亲切的感情色彩）

在学习普通话时，可以适当使用那些能够表示复杂语义的儿化词。那些可用可不用、不表示什么语义的"儿化"，可以不加"儿"。周祖谟先生在《普通话的正音问题》一文中曾指出："除了必须儿化的以外，一律不儿化。"

一般来说，不能有两个相连的儿化韵母音节。如可以说"花儿 huār"，也可以说"裙儿 qúnr"，但不能说"花儿裙儿 huārqúnr"，只能说"花裙儿 huāqúnr"。

2. 儿化的发音训练

（1）儿化词语练习

刀把儿 dāobàr	窗花儿 chuānghuār	大伙儿 dàhuǒr
土坡儿 tǔpōr	面条儿 miàntiáor	半道儿 bàndàor
模特儿 mótèr	带头儿 dàitóur	秧歌儿 yānggēr
粉末儿 fěnmòr	碎步儿 suìbùr	梨核儿 líhúr
名牌儿 míngpáir	一块儿 yíkuàir	摸黑儿 mōhēir
快板儿 kuàibǎnr	跑腿儿 pǎotuǐr	拐弯儿 guǎiwānr
一点儿 yìdiǎnr	嗓门儿 sǎngménr	干劲儿 gànjìnr
药方儿 yàofāngr	花样儿 huāyàngr	蛋黄儿 dànhuángr
脖颈儿 bógěngr	提成儿 tíchéngr	小瓮儿 xiǎowèngr
电影儿 diànyǐngr	酒盅儿 jiǔzhōngr	小熊儿 xiǎoxióngr
针鼻儿 zhēnbír	玩意儿 wányìr	肚脐儿 dùqír
毛驴儿 máolúr	小曲儿 xiǎoqǔr	痰盂儿 tányúr
瓜子儿 guāzǐr	没词儿 méicír	挑刺儿 tiāocìr
墨汁儿 mòzhīr	锯齿儿 jùchǐr	记事儿 jìshìr
拉链儿 lāliànr	笑话儿 xiàohuar	冰棍儿 bīnggùnr
火星儿 huǒxīngr	小孩儿 xiǎoháir	老伴儿 lǎobànr
脸盘儿 liǎnpánr	小辫儿 xiǎobiànr	麻花儿 máhuār
哥们儿 gēmenr	大婶儿 dàshěnr	胖墩儿 pàngdūnr
毛驴儿 máolúr	逗乐儿 dòulèr	儿媳妇儿 érxífur
老头儿 lǎotóur	小偷儿 xiǎotōur	小丑儿 xiǎochǒur

（2）绕口令练习

进了门儿，倒杯水儿，我喝了两口运运气儿，顺手拿起小唱本儿，唱了一曲儿又一曲儿。练完了嗓子我练嘴皮儿，绕口令儿，练字音儿，还有单弦儿牌子曲儿，小快板儿，大鼓词儿，越说越唱我越带劲儿！

（六）语气词"啊"的音变

语气词"啊"用在句末或句中停顿处，表示语气缓和，增加感情色彩。在普通话中，因"啊"读作轻声，常常受前面音节末尾音素的影响而产生连读音变。

1. 湘方言区"啊"的音变误读

湘方言区的语气词非常丰富，除了普通话中的"吧、吗、呢、啊"，还有"嘞、啰、噻"等。而"啊"在湘方言中的音变不明显，加上方言的韵母与普通话的区别较大，使得湘方言区学习者在说普通话的时候不能很好地掌握"啊"的音变。具体说来，主要表现为：

（1）不了解"啊"的音变规律

湘方言区的学习者因母语中"啊"的音变不鲜明或者几乎不变化，并且不熟悉普通话中"啊"的音变，所以不知道如何使用。有些人在朗读或说话时，把"啊"随意变读为"呵""哟""嗷""哦"等，如"祖国呵，我亲爱的祖国！""嗬！好大的雪哦！""再从家乡放到祖国最需要的地方去哟！"或者随意使用"啊"的音变词，如"是呀，我们有自己的祖国，小鸟也有它的归宿，人和动物都是一样哪，哪儿也不如故乡好！"等。

（2）在说话或者朗读中不能熟练运用"啊"的音变规律进行音变

有的学习者虽然掌握了"啊"的音变规律，但由于不够熟练，不能迅速判断和运用，在说话与朗读中不知所措，容易将"啊"的音变误读。

（3）写作时不会用正确的词语表达"啊"的音变

因为对"啊"的音变掌握不好，在写作的时候，不知道使用相对应的"啊"的音变文字来表达，如把"我亲爱的祖国呀！"写成了"我亲爱的祖国呵！"把"多占地面哪！"写成了"多占地面呀！"因此，只有熟练掌握"啊"的音变才能在写作的时候准确运用。

2. 湘方言区"啊"的音变辨正训练

湘方言区普通话学习者要解决"啊"的误读问题，要注意以下几点：

（1）熟练掌握普通话中"啊"的音变规则

"啊"音变的发音取决于"啊"前面音节末尾的音素。一般来说，有这样的规律：

当前面音节末尾的音素是舌面元音 a、o（ao、iao 除外）、e、ê、i、ü 时，"啊"读为 ya，汉字写作"啊"或"呀"。如：

什么画呀（huàya）！

真多呀（duōya）！

你快写呀（xiěya）！

千万注意呀（yìya）！

要努力争取呀（qǔya）！

当前面音节末尾的音素是 u 时（包括 ao、iao），"啊"读为 wa，汉字写作"啊"或"哇"。如：

我去朗读哇（dúwa）！

她真瘦哇（shòuwa）！

你的手真巧哇（qiǎowa）！

真糟糕哇（gāowa）！

当前面音节末尾的音素是 -n 时，"啊"读为 na，汉字写作"啊"或"哪"。如：

你快看哪（kànna）！

小李真是一个好人哪（rénna）！

你可要小心哪（xīnna）！

当前面音节的韵母尾是 -ng 时，"啊"读为 nga，汉字仍写作

"啊"。如:

我们一起大声唱啊（chàngnga）！

你看行不行啊（xíngnga）？

同志们，冲啊（chōngnga）！

当前面音节的韵母是舌尖前元音 –i［ɿ］时，"啊"读为［za］（［z］是舌尖前浊擦音），汉字仍然写作"啊"。如:

你去过几次啊（cìza）？

他真自私啊（sīza）！

我在写字啊（zìza）！

当前面音节的韵母是舌尖后元音 –i［ʅ］、卷舌元音 er 或儿化韵母时，"啊"读作 ra，汉字仍然写作"啊"。如:

是啊（shìra）！

这是今天的报纸啊（zhǐra）！

今天谁值日啊（rìra）？

党的好女儿啊（érra）！

快开门儿啊（ménrra）！

表 1-7 "啊"的音变情况表

"啊"前面音节的韵母	"啊"前面音节末尾的音素	"啊"的音变	汉字写法
a ia ua o uo e ie üe	a o e ê	ya	啊或呀
i ai uai ei uei ü	i ü	ya	啊或呀
u ou iou ao iao	u	wa	啊或哇
an ian uan üan en in uen ün	n	na	啊或哪
ang iang uang eng ing ueng ong iong	ng	nga	啊
–i	–i（前）	za	啊
–i er	–i（后） er	ra	啊

（2）反复练习，形成语感

湘方言区的人由于受到方言的影响，即使掌握了"啊"的音变规律，要迅速读出来也仍然会比较难，必须反复练习，形成语感，才能在朗读、说话与写作时随心所欲地运用。

3. "啊"的音变训练

（1）根据"啊"的音变规律写出"啊"音变的拼音与汉字

那是我的家啊（　　　　　　）！

原来是他啊（　　　　　　）！

快来吃西瓜啊（　　　　　　）！

要上坡啊（　　　　　　）！

这是什么车啊（　　　　　　）？

现在还是正月啊（　　　　　　）！

千万要注意啊（　　　　　　）！

真可爱啊（　　　　　　）！

好大的鱼啊（　　　　　　）！

身上怎么会有那么多的土啊（　　　　　　）？

您在哪儿住啊（　　　　　　）？

他唱得真好啊（　　　　　　）！

大家都来跳啊（　　　　　　）！

怎么都是高楼啊（　　　　　　）？

这件事可真难啊（　　　　　　）！

怎么会这么沉啊（　　　　　　）？

你看得真准啊（　　　　　　）！

你家离学校真近啊（　　　　　　）！

大家一起唱啊（　　　　　　）！

这些资料要拿去公证啊（　　　　　　）！

一点都没用啊（　　　　　）！

这首歌真好听啊（　　　　　）！

这是个什么字啊（　　　　　）？

注意花上的刺啊（　　　　　）！

我们去过寒山寺啊（　　　　　）！

这病真难治啊（　　　　　）！

要坚持啊（　　　　　）！

没有什么大事啊（　　　　　）！

原来是王小二啊（　　　　　）！

这里多好玩儿啊（　　　　　）！

（2）对话练习

甲：你去哪儿啊？

乙：去图书馆啊。

甲：现在才七点半，还没开门啊！

乙：是啊，我怎么忘了！

甲：先去报栏看看吧，最近足球赛事很多啊！

乙：好啊，一起去啊。

附录1　f 和 h 偏旁类推字表

f

发—fā 发，fèi 废

乏—fá 乏，fàn 泛

伐—fá 伐阀筏

番—fān 番藩翻蕃~邦，fán 蕃~息

凡—fān 帆，fán 凡矾钒

反—fǎn 反返，fàn 饭贩畈

方—fāng 方坊牌~芳，fáng 防坊油~妨肪房，fǎng 仿访纺舫，fàng 放

非—fēi 非菲啡绯扉霏蜚，fěi 匪诽斐榧翡，fèi 痱

分—fēn 分~析芬吩纷氛，fén 汾棼，fěn 粉，fèn 分身~份忿

风—fēng 风枫疯，fěng 讽

蜂—fēng 峰烽锋蜂，féng 逢缝~衣，fèng 缝门~

夫—fū 夫肤麸，fú 扶芙

弗—fú 弗拂，fèi 狒沸费，fó 佛

伏—fú 伏茯袱

孚—fū 孵，fú 孚俘浮

福—fú 幅辐蝠福，fù 副富

甫—fū 敷，fǔ 甫辅脯，fù 傅缚

父—fǔ 斧釜，fù 父

付—fú 符，fǔ 府俯腑腐，fù 付附咐驸

复—fù 复腹覆馥

h

禾—hé 禾和~平，huó 和~面，huò 和~稀泥

红—hóng 红虹鸿

洪—hōng 哄~堂大笑烘，hóng 洪，hǒng 哄~骗，hòng 哄起~

乎—hū 乎呼滹

忽—hū 忽唿惚

狐—hú 狐弧

胡—hú 胡葫猢湖瑚蝴糊

虎—hǔ 虎唬琥

户—hù 户护沪戽扈

化—huā 花哗~啦，huá 华中~哗喧~铧，huà 化华姓桦，huò 货

怀—huái 怀，huài 坏，huán 还环

涣—huàn 换唤涣焕痪

荒—huāng 荒慌，huǎng 谎

皇—huáng 皇凰徨湟惶煌蝗

黄—huáng 黄潢璜磺癀蟥簧

晃—huǎng 恍晃~眼幌，huàng 晃摇~

灰—huī 灰诙恢

挥—huī 挥晖辉，hūn 荤，hún 浑，hùn 诨

回—huí 回茴蛔，huái 徊

悔—huǐ 悔，huì 诲晦

会—huì 会开~绘烩

惠—huì 惠蕙

昏—hūn 昏阍婚

混—hún 馄混~蛋，hùn 混~淆

活—huó 活，huà 话

火—huǒ 火伙钬

或—huò 或惑

附录2 前后鼻韵母偏旁类推字表

an/ian/uan/üan

安—ān 安桉氨鞍，ǎn 铵，àn 按胺案

庵—ān 庵，ǎn 俺，yān 淹，yǎn 掩

般—bān 般搬，pán 磐

半—bàn 半拌伴绊，pàn 判叛畔

扁—biān 编，biǎn 扁，piān 偏篇，piàn 骗

参—cān 参~考，cǎn 惨，chān 掺

残—cán 残，jiàn 践贱溅，qián 钱，qiǎn 浅，xiàn 线，zhǎn 盏

单—chán 单~于蝉婵，dān 单~位郸殚，dǎn 掸，dàn 弹子~，shàn
单姓，tán 弹~棉花

旦—dān 担~保，dǎn 胆，dàn 旦担~子但，tǎn 坦袒

番—fān 番藩翻，fán 蕃~息，pān 潘，pán 蟠

反—fǎn 反返，fàn 饭贩畈，bān 扳，bǎn 坂板版

干—gān 干~净杆旗~竿肝，gǎn 杆杠~赶秆，gàn 干~部，hān 鼾，
hán 汗可~邗，hǎn 罕，hàn 汗~水旱悍捍，kān 刊

甘—gān 甘柑，hán 邯

监—jiān 监，lán 蓝篮，làn 滥

检—jiǎn 检俭，jiàn 剑，liǎn 脸敛，qiān 签，xiǎn 险，yàn 验

见—jiàn 见舰，guān 观，kuān 宽，lǎn 览揽缆，xiàn 现

卷—juǎn 卷~起来，juàn 卷试~倦眷，quān 圈圆~，juàn 圈猪~，
quán 拳，quàn 券

曼—mán 馒，màn 曼漫慢谩~骂蔓幔

难—nán 难困~，nàn 难~友，tān 滩瘫

千—qiān 千迁，qiàn 纤拉~，jiān 歼，xiān 纤~维

前—qián 前，jiān 煎，jiǎn 剪，jiàn 箭

欠—qiàn 欠，kǎn 坎砍，xiān 锨，huān 欢

山—shān 山舢，shàn 汕讪，xiān 仙，àn 岸，tàn 炭，yán 岩

豌—wān 豌，wǎn 婉碗，wàn 腕，yuàn 怨

咸—xián 咸，gǎn 感，hǎn 喊，hàn 憾，jiǎn 减

炎—yán 炎，dàn 淡啖，tán 谈痰，tǎn 毯

元—yuán 元，yuǎn 远，yuàn 院，huàn 浣，wán 玩完顽，wǎn 皖

斩—zhǎn 斩崭，cán 惭，jiàn 渐，zàn 暂

占—zhān 占~卜粘~贴，zhàn 占~位战站，zuān 钻~土，zuàn 钻~石

专—zhuān 专砖，zhuǎn 转，zhuàn 传~记，chuán 传~统

en/uen/üen

贲—bēn 贲，fèn 愤，pēn 喷~泉，pèn 喷~香

本—běn 本苯，bèn 笨

参—cēn 参~差，shēn 参人~，shèn 渗

辰—chén 辰晨，shēn 娠，shèn 蜃，zhèn 振赈震

寸—cūn 村，cǔn 忖，cùn 寸

分—fēn 分~析芬吩纷氛，fén 汾棼，fěn 粉，fèn 分身~份忿，pén 盆

艮—gēn 根跟，gěn 艮发~，gèn 茛，hén 痕，hěn 很狠，hèn 恨，kěn 垦恳

俊—jùn 俊骏浚峻竣

肯—kěn 肯啃

昆—kūn 昆，gùn 棍，hún 馄混~蛋，hùn 混~淆

仑—lūn 抡，lún 仑沦轮伦纶，lùn 论

门—mēn 闷~热，mén 门们图~江扪，mèn 闷~~不乐焖，men 们我~

群—qún 群裙

壬—rén 壬任姓，rěn 荏，rèn 任~务饪妊

刃—rěn 忍，rèn 刃仞纫韧

申—shēn 申伸呻绅砷，shén 神，shěn 审婶

甚—shèn 甚葚桑~，zhēn 斟

屯—tún 屯囤，dūn 吨，dǔn 盹，dùn 炖钝顿

温—wēn 温瘟

文—wén 文蚊纹炆雯，wěn 紊，wèn 汶

旬—xún 旬询荀洵恂，xùn 殉徇

训—xùn 训驯

迅—xùn 迅讯汛

云—yún 云耘芸纭，yùn 运酝

贞—zhēn 贞侦祯桢帧

珍—zhēn 珍，zhěn 诊疹，chèn 趁

真—zhēn 真，zhěn 缜，zhèn 镇，chēn 嗔，shèn 慎

枕—zhěn 枕，chén 忱，shěn 沈

in

宾—bīn 宾傧滨缤槟香~，bìn 摈殡鬓，pín 嫔（"bīng 槟~榔"例外）

斤—jīn 斤，jìn 近靳，qín 芹，xīn 欣新薪

今—jīn 今衿矜，jìn 妗，qīn 衾，qín 琴，yín 吟

禁—jīn 禁~受襟，jìn 禁~止

尽—jǐn 尽~管，jìn 尽~力烬

堇—jǐn 堇谨僅，qín 勤，yín 鄞

林—lín 林淋琳霖，bīn 彬

磷—lín 磷鳞嶙粼麟

民—mín 民岷，mǐn 泯抿

侵—qīn 侵，qǐn 寝，jìn 浸

禽—qín 禽擒噙

心—xīn 心芯灯~，xìn 芯~子，qìn 沁

辛—xīn 辛锌莘~庄，qīn 亲（"qìng 亲~家"例外）

因—yīn 因茵姻氤~氲

— 153 —

ang/iang/uang

邦—bāng 邦帮梆，bǎng 绑

仓—cāng 仓沧苍舱，chuāng 创 ~伤，chuàng 创 ~业，qiāng 枪，qiǎng 抢

长—chāng 伥 为虎作~，cháng 长 ~短，chàng 怅，zhāng 张，zhǎng 长 生~涨，zhàng 帐胀

肠—cháng 肠场 赶~，chǎng 场 会~，chàng 畅，dàng 荡，shāng 殇 觞汤 浩浩~~，tāng 汤 菜~，tàng 烫，yáng 扬杨

当—dāng 当 ~中，dǎng 挡，dàng 档当 ~铺

方—fāng 方坊 牌~芳，fáng 防坊 油~妨肪房，fǎng 仿访纺舫，fàng 放

缸—gāng 缸，gàng 杠，káng 扛，jiāng 江，xiàng 项

荒—huāng 荒慌，huǎng 谎

亢—kàng 亢抗伉，háng 杭吭 引~高歌航，hàng 沆

良—liáng 良，láng 郎狼廊，lǎng 朗，làng 浪，niáng 娘

旁—pāng 膀 ~肿，páng 旁磅 ~礴膀~胱，bǎng 榜膀 ~子

桑—sāng 桑，sǎng 搡嗓

上—shǎng 上 ~声，shàng 上 ~下，ràng 让

尚—shàng 尚，shǎng 赏，shang 裳 衣~，cháng 裳 白~常嫦徜，chǎng 敞，dǎng 党，táng 堂棠，tǎng 倘淌躺，tàng 趟，zhǎng 掌

亡—wáng 亡，wàng 忘望妄，máng 忙盲茫氓 流~

王—wáng 王，wāng 汪，wǎng 枉，wàng 旺，kuāng 筐，kuáng 狂，guàng 逛

相—xiāng 相 ~信箱，xiǎng 想，xiàng 相 ~声，shuāng 霜

羊—yáng 羊洋，yǎng 养氧，yàng 样，xiáng 详祥翔

eng/ueng

成—chéng 成诚城盛~东西, shèng 盛~会

丞—chéng 丞, zhēng 蒸, zhěng 拯

呈—chéng 呈程, chěng 逞

乘—chéng 乘~法, shèng 乘史~剩

登—dēng 登, dèng 凳澄把水~清瞪, chéng 澄~清

风—fēng 风枫疯, fěng 讽

峰—fēng 峰烽锋蜂, féng 逢缝~衣, fèng 缝门~, péng 蓬篷

奉—fèng 奉俸, pěng 捧

更—gēng 更~正, gěng 埂梗哽, gèng 更~加, yìng 硬（"便"例外）

亨—hēng 亨哼, pēng 烹

塄—léng 塄楞, lèng 愣

蒙—mēng 蒙~骗, méng 蒙~蔽檬朦, měng 蒙内~古

孟—mèng 孟, měng 猛蜢

朋—péng 朋棚鹏, bēng 崩绷~带, běng 绷~着脸, bèng 绷~硬蹦

彭—péng 彭澎膨

生—shēng 生牲甥笙, shèng 胜

誊—téng 誊腾滕藤

翁—wēng 翁嗡, wěng 蓊, wèng 瓮

曾—zēng 曾姓憎增缯, zèng 赠, céng 曾~经, cèng 蹭

正—zhēng 正~月怔征, zhěng 整, zhèng 正~义证政症, chéng 惩

争—zhēng 争挣~扎峥狰睁筝, zhèng 诤挣~脱

ing

丙—bǐng 丙炳柄, bìng 病

并—bǐng 饼屏~除，bìng 并，píng 瓶屏~风（"bèng 迸，pīn 拼姘，pián 骈胼"例外）

丁—dīng 丁仃盯钉~子，dǐng 顶酊酩~，dìng 订钉~扣子，tīng 厅汀

定—dìng 定腚碇

茎—jīng 茎泾经，jǐng 刭颈，jìng 劲~敌胫径，qīng 轻氢

京—jīng 京惊鲸，qíng 黥

景—jǐng 景憬，yǐng 影

敬—jīng 儆警，jìng 敬，qíng 擎

令—líng 苓玲铃聆龄，lǐng 岭领，lìng 令（"līn 拎，lín 邻"例外）

名—míng 名铭，mǐng 酩

冥—míng 冥溟螟瞑

宁—níng 宁安~拧~绳子咛狞柠，nǐng 拧~螺丝钉，nìng 宁~可泞拧~脾气

平—píng 平评苹坪萍

青—qīng 青清蜻，qíng 情晴，qǐng 请，jīng 菁睛精，jìng 靖静

廷—tíng 廷庭蜓霆，tǐng 挺艇铤

亭—tíng 亭停婷

刑—xíng 刑邢形型，jīng 荆

英—yīng 英瑛

婴—yīng 婴樱鹦缨

营—yīng 莺，yíng 营荧莹萤萦

ong/iong

从—cóng 从丛，sǒng 怂耸，zòng 纵

东—dōng 东，dòng 冻栋

董—dǒng 董懂

工—gōng 工攻功，gǒng 巩汞，gòng 贡，hóng 红虹鸿，hòng 讧，

kōng 空~间，kǒng 恐，kòng 空~白控

公—gōng 公蚣，sōng 忪松，sòng 讼颂

共—gōng 供~应恭龚，gǒng 拱，gòng 共供~奉，hōng 哄~堂大笑烘，hóng 洪，hǒng 哄~骗，hòng 哄起~

龙—lóng 龙咙珑胧聋笼~子，lǒng 拢垄笼~罩

农—nóng 农侬哝浓脓

容—róng 容蓉溶榕熔

通—tōng 通，tǒng 捅桶，tòng 痛

同—tóng 同桐铜，dòng 侗恫

凶—xiōng 凶匈汹胸

永—yǒng 永咏泳

甬—yǒng 甬俑勇涌恿蛹踊

用—yōng 佣~金拥痈庸，yòng 用佣~人

中—zhōng 中~央忠盅钟衷，zhǒng 肿种~子，zhòng 中~意仲种~地，chōng 冲~锋忡，chòng 冲~鼻

宗—zōng 宗综棕踪鬃，zòng 粽，cóng 淙

附录3　古入声字普通话读音表

bā 八捌，bá 拔跋

bái 白，bǎi 百佰柏伯大~子

bāo 剥~皮，báo 薄厚~雹

běi 北

bī 逼，bí 荸，bǐ 笔，bì 必弼毕碧壁璧辟复~

biē 憋鳖瘪~三，bié 别~人，biě 瘪干~，biè 别~扭

bō 拨剥~削钵，bó 勃脖渤博搏膊薄~暮泊箔驳帛舶伯~父

bǔ 卜占~，bù 不

cā 擦

cè 侧恻测厕策册

chā 插，chá 察

chāi 拆

chè 彻澈撤

chī 吃，chǐ 尺，chì 叱饬斥赤

chū 出，chù 黜畜牲~矗触

chuō 戳，chuò 辍啜绰

cù 猝簇蹙蹴促

cuō 撮，cuò 错

dā 答~应搭，dá 达答回~

dé 得德

děi 得~亏

dī 滴，dí 的~确嫡笛迪敌狄荻籴涤，dì 的目~

diē 跌，dié 叠喋碟牒蝶谍迭

dū 督，dú 独读牍犊渎椟毒，dǔ 笃

duō 掇，duó 夺铎踱

é 额，ě 恶~心，è 遏愕鄂谔腭萼噩鳄恶善~厄扼呃

fā 发~现，fá 乏伐筏阀罚，fǎ 法，fà 发理~

fó 佛

fú 弗拂福蝠幅辐服伏袱，fù 缚腹覆复馥

gā 夹~肢窝，gá 轧~账

gē 鸽割胳~臂搁~浅，gé 蛤~蜊葛瓜~阁格骼隔膈革胳~肢，gě 葛姓，gè 各

gěi 给交~

gū 骨~碌, gǔ 谷骨~肉, gù 梏

guā 刮

guō 郭蝈, guó 国帼

hǎo 郝

hē 喝, hé 合核审~, hè 吓恐~赫鹤

hēi 黑

hū 忽惚, hú 核梨~儿斛

huá 滑猾, huà 划

huō 豁~口, huó 活, huò 或惑获霍豁~免

jī 屐积激击缉侦~, jí 集急级汲及疾嫉吉即棘亟极藉籍, jǐ 给供~戟脊, jì 鲫稷迹绩寂

jiā 夹~板, jiá 夹~袄荚颊, jiǎ 甲胛

jiáo 嚼, jiǎo 角~落脚

jiē 疖接揭结~实, jié 睫捷劫孑杰竭节截结~构洁

jū 掬锔~碗鞠, jú 菊局橘, jù 剧

jué 绝厥昏~蹶一~不振蕨撅决诀角~斗抉倔~强崛爵嚼咀~攫觉~得, juě 蹶~子, juè 倔~头~脑

kē 磕瞌, ké 壳蛋~, kě 渴, kè 克刻客

kū 哭窟, kù 酷

kuò 扩括阔廓

lā 拉, là 腊蜡辣

lào 烙酪

lè 乐快~勒~索

lēi 勒~紧, lèi 肋

lì 立粒笠栗力历沥砾

liè 猎列冽烈裂劣

liù 六

lù 禄碌鹿漉麓陆戮录

lǜ 律率效~绿

lüè 掠略

luō 捋~起袖子，luò 洛骆络落下~

mā 抹~布

mài 麦脉~络

méi 没~有

mì 密蜜觅

miè 蔑篾灭

mō 摸，mó 膜，mǒ 抹~煞，mò 末抹转弯~角沫没埋~殁莫寞漠墨默陌

mù 幕木沐目穆牧睦

nà 纳衲捺

nì 昵匿逆溺

niē 捏，niè 聂镊蹑孽

nuò 诺

nüè 虐疟~疾

pāi 拍

pī 劈霹，pǐ 匹癖，pì 僻辟开~

piē 撇~开瞥，piě 撇~捺

pō 泼泊湖~，pò 粕迫魄

pū 扑仆前~后继，pú 濮仆~从，pǔ 朴~素，pù 瀑~布

qī 七戚漆，qǐ 乞，qì 讫迄泣

qiā 掐，qià 洽恰

qiào 壳地~

qiē 切~开，qiè 妾怯惬切~~窃

qū 屈曲~折，qǔ 曲歌~

quē 缺，què 阙宫~雀鹊却确

rè 热

rì 日

ròu 肉

rǔ 辱，rù 入褥

ruò 弱若

sā 撒~手，sǎ 撒~种，sà 飒卅萨

sāi 塞瓶~儿

sè 涩瑟塞闭~啬穑色颜~

shā 杀刹~车，shà 霎煞~气

shǎi 色套~

sháo 勺芍

shé 舌折~本，shè 设涉慑摄

shī 失虱湿，shí 十什~物石识实食拾蚀，shì 室饰式拭适释

shū 叔淑，shú 孰熟塾赎，shǔ 属蜀，shù 术述束

shuā 刷~墙

shuài 率~领蟀

shuō 说，shuò 烁铄朔硕

sú 俗，sù 速肃夙宿住~粟

suō 缩，suǒ 索

tā 塌，tǎ 塔獭，tà 沓踏榻蹋

tè 特

tī 踢剔，tì 惕逖

tiē 帖服~贴，tiě 帖请~铁，tiè 帖字~

tū 凸秃突

tuō 托脱，tuò 拓开~

wā 挖，wà 袜

wò 握龌沃

wū 屋，wù 勿物

xī 吸息熄悉膝蟋惜夕析淅晰昔锡，xí 习袭媳席檄，xì 隙

xiā 瞎，xiá 狭峡匣侠辖，xià 吓~一跳

xiāo 削~皮

xiē 歇蝎楔，xié 协胁，xiě 血流~，xiè 泄屑

xù 旭恤畜~牧蓄续

xuē 削剥~，xué 学穴，xuě 雪，xuè 血~液

yā 压押鸭，yà 轧~棉花

yào 药钥~匙

yē 噎，yè 靥叶页业谒掖液腋

yī 一壹揖，yǐ 乙，yì 邑熠溢轶屹亿忆臆逸抑翼益亦弈译驿疫绎

yù 域郁育毓玉狱欲浴

yuē 曰约，yuè 悦阅月越粤跃岳乐音~

zā 匝咂~嘴扎包~，zá 杂砸

záo 凿

zé 责则泽择，zè 仄

zéi 贼

zhā 扎~针札，zhá 扎挣~轧~钢炸~豆腐闸铡，zhǎ 眨，zhà 栅~栏

zhāi 摘，zhái 宅，zhǎi 窄

zháo 着~急

zhé 辄折~叠蜇惊~哲辙谪，zhě 褶，zhè 这浙

zhī 汁织只~~，zhí 执侄直值职植殖，zhì 窒秩质掷炙

zhōu 粥，zhóu 轴妯

zhú 竹竺逐烛，zhǔ 嘱，zhù 筑祝

zhuō 拙桌捉，zhuó 卓着衣~酌灼琢雕~啄浊镯

zú 卒族足

zuō 作~坊，zuó 昨，zuò 作~用

第二章
湘方言与普通话词汇使用的主要差异

　　湘方言与普通话的词汇有很多共同之处，但也存在一些差异，这些差异词是湘方言区人学习普通话最易忽视又最难把握的。

　　第一种情况，湘方言与普通话的词"形同义异"，即词形相同，意义不同。例如，湘方言称"豌豆"，普通话实为"蚕豆"；湘方言称"慈姑"，普通话实为"荸荠"；"屉子"，普通话指"扁平的盛器"或"床、椅子的架子上可以取下的部分"，湘方言指"抽屉"；"虾子"，普通话指"虾的卵干制后做的调味品"，湘方言指"虾"；"挑子"，普通话指"扁担和它两头所挑的东西"，湘方言指"调羹"。

　　第二种情况，湘方言与普通话的词"形异义同"，即词语意义大体相同，词形不同。"形异义同"有些是构词的语素部分或全部不同，有些是构词语素语序不同。以下语料中"（普）"表示普通话中的词语，"（方）"表示湘方言中的词语：

　　构词语素部分不同：

客人（普）—客（方）	鸭子（普）—鸭（方）
床（普）—床铺（方）	刮风（普）—起风（方）
插秧（普）—插田（方）	挑水（普）—担水（方）
喝酒（普）—吃酒（方）	舞龙（普）—耍龙（方）
鞭炮（普）—炮竹（方）	舌头（普）—舌子（方）

星星（普）—星子（方）　　　　看头（普）—看首 / 场（方）

构词语素完全不同：

儿子（普）—崽（方）　　　　　猩猩（普）—红毛野人（方）

倒霉（普）—背时（方）　　　　蟑螂（普）—偷油婆（方）

胎盘（普）—胞衣（方）　　　　腐竹（普）—豆笋（方）

构词语素语序不同：

纸钱（普）—钱纸（方）　　　　公鸡（普）—鸡公（方）

前头（普）—头前（方）

　　此外，湘方言中有一些具有地域特色的状态形容词、量词等，普通话中缺乏对应的词，有时我们只能写出同音字。如"臼酸"（很酸）、"津咸"（很咸）、"弄白"（雪白）；"皮"（片）、"卅"（块）、"蒲"（把）。

　　本章着重探讨湘方言区人说普通话时最易出错的词汇表达，目的是帮助人们从普通话与湘方言词汇的对比分析中厘清二者的区别，明确普通话词汇使用规范，学会正确的普通话词汇表达，提高普通话水平。

一、最易出错的词汇表达

　　湘方言中的附加式名词比普通话丰富，除了常见的"子"尾词，"首 / 场 / 头"尾词、"巴子"尾词等也大量运用。称谓词中的亲属称谓词和"小"类称谓词、状态形容词、副词中的程度副词和否定副词、介词、量词等的使用，湘方言与普通话也有较大差别。

（一）"子"尾词
1. 湘方言"子"尾词对应的普通话表达
（1）湘方言一般形式"子"尾词对应的普通话表达
"子"是普通话与湘方言都常用的后缀语素。普通话的"子"尾词在湘方言中绝大多数仍为"子"尾词，且对应整齐，如"桌子、椅子、箱子、筷子、镜子、毯子、帽子、靴子、袜子、茄子、肚子、兔子、猴子、胖子、瘦子、聋子、瞎子"。普通话与湘方言的"子"尾词也有不一致的情况。有的同为"子"尾词，但二者词根不同，如湘方言区很多地方把"绳子"叫作"索子"，把"疯子"叫作"癫子"等。有的普通话是"子"尾词，湘方言不用"子"尾词，如湘方言区很多地方把"儿子"叫作"崽"，把"稻子（指植物）"叫作"禾"。更为常见的情况是，湘方言的很多"子"尾词在普通话中会运用儿化、"头"尾、重叠、复合法等多种构词手段。这些湘方言中特殊的"子"尾词富有明显的地方特色，正是湘方言区人学习普通话的难点，需仔细甄别哪些是普通话词语，找出其对应关系，注意转换。下面把普通话与湘方言"子"尾词不对应的情况总结如下：

湘方言用"子"尾词，普通话用"子"尾词，但词根不同。如：

湘方言	普通话
索子	绳子
癫子	疯子
柑子	橘子
衣袖子	袖子
侄儿子	侄子

湘方言用"子"尾词，普通话用"儿"化词。如：

湘方言	普通话
梨子	梨儿
杏子	杏儿
枣子	枣儿
秆子	秆儿
梗子	梗儿

（灯）泡子　　　　　　　灯泡儿

心子　　　　　　　　　馅儿

粉子　　　　　　　　　面儿玉米~

湘方言用"子"尾词，普通话附加"头"尾。如：

湘方言	普通话
芋子	芋头
舌子	舌头

湘方言用"子"尾词，普通话使用其他同义形式的复合词或叠根词，有时会共用同一词根语素。如：

湘方言	普通话
屉子	抽屉
章子	图章
料子	衣料
擦子	橡皮擦
谜子	谜语
相片子	照片
鸡菌子	鸡胗
糖粒子	糖果
雪子子	雪珠
挑子	调羹
印子	痕迹
菌子	蘑菇
银毫子、银壳子、银角子	硬币
脚子	沉淀物
袄子	棉衣
星子	星星

湘方言用"子"尾词，普通话去掉词缀"子"构成同义表达式。如：

湘方言	普通话
今年子	今年
树叶子	树叶
麻雀子	麻雀
熟人子	熟人
酒窝子	酒窝
左手子	左手
鞋带子	鞋带
香干子	香干
木耳子	木耳
茶叶子	茶叶
坏话子	坏话
虾子_{节肢动物}	虾
蚂蚁子	蚂蚁
眼珠子	眼珠
冷水子	冷水

（2）湘方言特殊形式"子"尾词对应的普通话表达

湘方言中还有一类比较有特点的"子"尾词，它们大多表概数、短时义等，如"三年子"表示"大概三年"，"七粒子"表示"大约七粒"，"两把子"表示"大约两把"，"困下子"表示"睡一睡"。这些特殊形式的"子"尾词，学习时要格外注意。主要有以下几种类型：

数量短语 + "子"：

湘方言	普通话
两天子	大约两天
五个子	大约五个
两件子	大约两件
一小碗子	大约一小碗

动词 + 量词 "下" + "子"：

湘方言	普通话
歇下子	歇一歇
站下子	站一站
读下子	读一读
想下子	想一想

量词重叠 + "子"：

湘方言	普通话
（一）点点子	一丁点儿
（一）粒粒子	一小粒儿
（一）下下子	一小会儿

量词 + 助词 "把" + "子"：

湘方言	普通话
天把子	大约一天
条把子	大约一条
回把子	大约一回

以上湘方言的说法，学习者在学习普通话时需要转换成相应的普通话同义形式。其中，在数量短语后加"子"，或是"量词 + 助词'把' + 子"，都与数量有关，表概数，普通话用"'大约' + 数量短语"来表达。量词"下"与"子"构成"下子"，一般放在动词后表短时义，

普通话用"动词 + '一' + 动词"来表达。量词重叠加上"子"尾表数量极少，普通话用"'一' + '小 / 丁' + 量词 + 儿"来表达。

2. 朗读训练

（1）普通话"子"尾词练习

"子"读轻声的词语：

屋子　窗子　桌子　箱子　绳子　钉子　塞子　盒子　锤子　席子

篮子　鞭子　钩子　梯子　沙子　盘子　毯子　笼子　鸽子　鸭子

兔子　豹子　燕子　猴子　蚊子　鼻子　脖子　脑子　肚子　肠子

嗓子　膀子　瞎子　聋子　傻子　儿子　袖子　裤子　帽子　领子

袜子　扣子　料子　梳子　茄子　柿子　柚子　麦子　饺子　竹子

"子"读本调的词语：

莲子　中子　质子　因子　量子　粒子　核子　王子　公子　男子

女子　瓜子　君子　卵子　棋子　天子

（2）与湘方言"子"尾词对应的普通话词语练习

杏儿　　枣儿　　瓶盖儿　男孩儿　女孩儿　脸蛋儿　纸条儿　舌头

芋头　　星星　　雪珠　　冰锥　　冰雹　　毛毛雨　微风　　水缸

晒衣架　乞丐　　眼珠　　嘴唇　　手腕　　胳膊　　小腿　　耳光

指甲　　尿片　　对联　　座位　　老鼠　　麻雀　　蟋蟀　　蚂蚁

杜鹃　　公狗　　萤火虫　蚯蚓　　树梢　　豌豆　　稻穗　　早稻

马铃薯　今年　　今天　　每年　　每天　　夜晚　　鱼苗　　灯罩

冷水　　捉迷藏

（二）"首 / 场 / 头"尾词

1. 湘方言"首 / 场 / 头"尾词对应的普通话表达

湘方言中，有些动词和极少数形容词可以在后面附着"首 / 场"

构成附加式名词，表示人们对某种动作、心理、性质的价值、必要性或可能性加以肯定或否定等主观评价，如"吃首 / 吃场、看首 / 看场、讲首 / 讲场、问首 / 问场"。湘方言区长益片的长沙、湘潭、益阳和衡州片的衡阳等地也可以后附"头"尾，如"吃首 / 吃场 / 吃头"。"首 / 场"尾不见于普通话，普通话只用"头"尾。例如：

湘方言	普通话
个本书有看首 / 看场 / 看头。	这本书有看头儿。
个号酒冇点吃首 / 吃场 / 吃头。	这种酒没点吃头儿。
个课冇得听首 / 听场 / 听头。	这课没什么听头儿。
个点小事冇得计较首 / 计较场。	这点小事没什么可计较的。

湘方言中"X+ 首 / 场 / 头"主要用于否定句和反问句中，有时也用于有无类判断句等。不同的句式表达的意义有差异，与普通话的对应表达式也有区别。

"X+ 首 / 场 / 头"用于否定句和反问句时，表示对动作行为或事物的否定，普通话可用"没 +X 头儿"或"还有什么 X 头儿"来表达。例如：

湘方言	普通话
只有十箱橘子，冇好多搬首 / 场 / 头。	只有十箱橘子，没多少搬头儿。
八点哒，反正迟咖到哒，还有么子急首 / 场 / 头？	八点了，反正迟到了，还有什么急头儿呢？

"X+ 首 / 场 / 头"用于判断句时，表示对事物"值得这样做"的价值判断，普通话可用"有 X 头儿"或"值得 X"来表达。例如：

湘方言	普通话
焦师父炒的菜又香又辣，有学首 / 场 / 头咧！	焦师父炒的菜又香又辣，值得学啊！
个些钱还有点赚首 / 场 / 头。	这些钱还有些赚头儿。

要注意的是，湘方言中"首/场/头"尾的能产性远远高于普通话的"头"尾，它们大多附着在一些单音节动词后面，如"看、听、想、讲、问、教、吃、搞、做、打、补、读、查、穿、催、戴、带、当、等、考、买、去、劝、试、送、挖、喂、写、画、抄、修、学、要、住、赚、跳、寻、怪、摆、帮、寄、剪、借、留"。少数双音节动词和形容词也可附"首/场/头"尾，如"商量、检查、表扬、批评、高兴、客气、神气、骄傲、谦虚"。因此，遇到"X+首/场/头"这些方言表达形式，学习者要转换成规范的普通话词语或者句法格式。

肯定句式中，湘方言与普通话一般都没有"双音节动词或形容词+首/场/头"格式。湘方言"单音节动词+首/场/头"转换成普通话为"单音节动词+头儿"。例如：

湘方言	普通话
今天买的米好糯的，有点吃首/场/头。	今天买的米很软，有点吃头儿。
个只片子有看首/场/头。	这场电影有看头儿。

否定句式中，湘方言此类结构动词词根是单音节还是双音节，决定着普通话转换方式的区别。一般而言，"冇得+单音节动词+首/场/头"直接转换成普通话可说成"没（+疑问词）+V+头"或"没+疑问词+可/好+V+的"，"冇得+双音节动词/形容词+首/场/头"转换成普通话可说成"没什么可/好+双音节动词/形容词+的"。例如：

湘方言	普通话
那只生意有得么子做首/场/头。	那种生意没什么做头儿。
	那种生意没什么可/好做的。
美国冇吗咯去首/场/头。	美国没什么去头。
	美国没什么可/好去的。
火宫殿的臭豆腐如至今也冇得吃首/场/头。	火宫殿的臭豆腐现在也没吃头儿了。

火宫殿的臭豆腐现在也没什么
吃头儿了。

个只事冇得高兴首／场／头。	这种事没什么可／好高兴的。
他崽伢子冇得骄傲首／场／头。	他儿子没什么可／好骄傲的。

2.朗读训练

（1）湘方言"首／场／头"尾词对应的普通话词语练习

看头儿　　听头儿　　想头儿　　吃头儿　　喝头儿　　赚头儿

说头儿　　讲头儿　　买头儿　　去头儿　　穿头儿　　嚼头儿

（2）湘方言"首／场／头"尾词对应的普通话相关语句练习

这本书有看头儿。

这些钱还有些赚头儿。

只有十箱水果，没多少搬头儿。

这种酒没什么喝头儿。

那种生意没什么做头儿。

这首歌不好听，没听头儿。

这电影有什么看头儿？

（三）"巴子"尾词

1.湘方言"巴子"尾词对应的普通话表达

湘方言中，名词性语素加"巴子"构成新的名词，这时的词缀"巴子"具有辨义作用。如"手巴子"的意义不等于"手"，"脚巴子"的意义不等于"脚"，"耳巴子"的意义不等于"耳"。"巴子"还有转类功能，可附着于动语素、形语素后，把动词、形容词转变成名词，如"扯巴子、烂巴子"。普通话中通常没有"巴子"尾词，需同义替换。例如：

湘方言	普通话
手巴子	胳膊
脚巴子	大腿及小腿
腮巴子	腮帮子
耳巴子	耳光
乏巴子	骗子
结／扯巴子	口吃的人
嘴巴子	嘴巴
烂巴子	烂疤

2. 朗读训练

湘方言"巴子"尾词对应的普通话词语练习：

骗子	腮帮子	嘴巴	胳膊
脸庞	面颊	脸蛋儿	耳光

（四）亲属称谓词

1. 湘方言亲属称谓词对应的普通话表达

亲属称谓词经常出现在人们的社会生活中，体现出鲜明的地域文化特色与稳定的亲属血缘关系。这类词在口语表达中使用频率极高，因此，亲属称谓的规范使用是说好普通话的必然要求。湘方言的亲属称谓词与普通话的称呼有很大不同，表达时应注意区分。例如：

湘方言	普通话
爷／爷老倌／爷老子	父亲
娘／姆妈／娘老子	母亲
崽	儿子
女	女儿

爹爹 / 公公 / 阿公	祖父 / 爷爷
阿婆 / 娭毑	祖母 / 奶奶
堂客 / 婆婆（子）/ 婆娘	妻子
老倌子	丈夫
伯伯 / 男伯伯	伯父
伯母 / 女伯伯	伯母
孙伢子 / 孙崽子	孙子
岳老子 / 丈人公	岳父
岳母娘 / 丈人婆	岳母
郎 / 郎崽子 / 郎把公	女婿

2. 朗读训练

普通话亲属称谓词练习：

爷爷	奶奶	外公	外婆	父亲	母亲	爸爸	妈妈	儿子	女儿
丈夫	妻子	孙子	孙女	外孙	外孙女	公公	婆婆	岳父	岳母
伯父	叔叔	姑姑	舅舅	姨妈	阿姨	哥哥	姐姐	弟弟	妹妹
嫂子	姐夫	妹夫	弟妹	侄儿	侄女	外甥	外甥女		

（五）"小"类称谓词

1. 湘方言"小"类称谓词对应的普通话表达

普通话中表"小而喜爱"之类意义的称谓词一般使用重叠、儿化、"子"尾等形式，而湘方言中主要使用"子"及"子"的变体"崽 / 崽唧 / 崽崽 / 崽子"、"仔"（与"崽"用字不同）等来表示"小"类称谓。

虽然湘方言区人说普通话时要表达"小"类称谓一般不会带"崽唧"尾，但有时却会使用"子"尾或"崽子"尾，如把"男孩儿"说成

"伢子"，把"女孩儿"说成"妹子"，把"小狗"说成"狗崽子"等。我们要注意湘方言与普通话"小"类称谓词的区别。

湘方言	普通话
伢崽子 / 伢崽唧 / 伢唧崽唧	男孩儿
妹崽子 / 妹崽唧 / 妹唧崽唧	女孩儿
狗崽子 / 狗崽唧 / 狗崽崽 / 狗仔	小狗
细阶崽唧 / 伢伢崽崽	小孩儿
芋子崽崽 / 芋子崽唧 / 芋子崽子	小芋头

2.朗读训练

普通话"小"类称谓词练习：

小男孩	小女孩	小孩儿	小牛	小猪	小羊
小狗	小鸡	小萝卜	小苹果	小红薯	小茄子
小桌子	小箱子	小柜子	小杯子	小盒子	小镜子
小碗	小帽子	小桶子	小床	小洞	小屋
芋头儿	石头儿	脸盆儿	男孩儿	女孩儿	

（六）状态形容词

1.湘方言状态形容词对应的普通话表达

状态形容词是描写事物状态的形容词。由于一些状态形容词本身已经包含"很"等程度义，因此不能再受"很"等程度副词的修饰，如"雪白、通红、冰凉、静悄悄、干干净净、老实巴交、黑不溜秋"。湘方言的状态形容词十分丰富，使用频率较高。下列这些带有地域特色的状态形容词切忌用在普通话表述中，可以运用"很＋形容词""X＋形容词""ABB""AABB""A里AB"等固定短语形式来替代它们。例如：

湘方言	普通话
滑苦 / 哇苦	很苦
津咸 / 苦咸 / 死咸子咸	很咸
白酸 / 精酸 / 溜酸	很酸
撇淡 / 淡巴巴 / 瘠淡巴淡	很淡
稀巴烂 / 烂乎乎	很烂
很早巴早	很早
拍满巴满	很满
［lan⁵⁵］薄 / 薄嫩嫩	很薄
慢慢细细 / 死慢子慢	很慢
高高子（唧）	很高
胖胖子（唧）	很胖
弄白	雪白 / 煞白 / 刷白
墨黑 / 黢黑 / 乌黢墨黑	漆黑 / 乌黑 / 油黑
溜光 / 令光 / 黢光	精光
毛毛热	温热
巴黏	黏乎乎
稀乱	乱糟糟
哈里哈气	很傻
宝里宝气	很不聪明

2.朗读训练

普通话状态形容词练习：

AB 式：

笔直　雪白　乌蓝　漆黑　明亮　响亮　翠绿　蔚蓝

深红　绯红　通红　鲜红　嫩绿　庞大　苍白　油亮

ABB 式：

黑黝黝　　黑黢黢　　黑漆漆　　毛茸茸　　亮晶晶　　蓬松松

沉甸甸　　软绵绵　　阴森森　　明艳艳　　绿茸茸　　红彤彤

AABB 式：

舒舒服服　　密密麻麻　　恍恍惚惚　　坑坑洼洼　　整整齐齐

细细碎碎　　零零乱乱　　曲曲折折

A 里 AB 等：

古里古怪　　　土里土气　　　邋里邋遢　　　乱七八糟

（七）程度副词

1. 湘方言程度副词对应的普通话表达

副词作为修饰限制成分，是汉语中非常重要的词类之一。湘方言的副词有鲜明的地域特色，湘方言区人说普通话时会不由自主地使用方言副词，要格外引起重视。湘方言中的程度副词数量众多，性质复杂。"蛮""好""几""有滴唧（子）"等是极具湘方言特色的表示不同量级程度的副词，使用时需替换成普通话表程度的副词。

（1）蛮—挺 / 很

湘方言	普通话
他屋里蛮有钱嘞！	他家里挺有钱的。
个件衣服有蛮乖！	这件衣服很漂亮。

（2）好—很

湘方言	普通话
我脸好红吧？	我的脸很红吗？
他开车开得好快。	他开车开得很快。

（3）烂—非常

湘方言	普通话
箇里的东西烂便宜。	这里的东西非常便宜。

（4）狠—过头儿

湘方言	普通话
肉莫煮狠哒。	肉别煮过头儿了。
你是讲狠哩滴唧。	你是批评过头了点儿。

（5）几—特别/很

湘方言	普通话
你姆妈做的菜几好吃！	你妈妈做的菜特别/很好吃！

（6）几多—多么

湘方言	普通话
几多漂亮啊！	多么漂亮啊！

（7）有滴唧（子）—有点儿

湘方言	普通话
他今日子总是有滴子心神不宁。	他今天总是有点儿心神不宁。

2.朗读训练

普通话程度副词相关语句练习：

他很懂事！

他俩的关系挺好！

这件衣服非常耐看！

今年冬天特别冷！

多么漂亮啊！

我昨天有点儿不舒服。

昨天下了很大的雨。

他很识趣地离开了。

老师太喜欢他了。

（八）否定副词

1.湘方言否定副词对应的普通话表达

否定副词是一种特殊且重要的副词次类，湘方言的否定副词与普通话不仅在形式上有区别，在用法上也有一些细微差别。湘方言"冇""莫"两类否定副词大致相当于普通话的"没（有）""别"，普通话口语表达时要注意辨别。

（1）冇—没（有）

湘方言	普通话
他冇去买菜。	他没有去买菜。
你当我冇听见啊！	你以为我没听见啊！
他还冇去？	他还没有去吗？
他起来冇？——冇。	他起来了吗？——没有。

（2）莫—别

湘方言	普通话
莫笑啰！别个都不好意思哒！	别笑啊！人家都不好意思了！
我不写哒！	我不写了！
——莫咯，帮我写完吵！	——别嘛，帮我写完嘛！

湘方言中还有些特殊的否定词用法，学习者说普通话时要注意规范。例如："我不会跟他一起走"不要说成"我不得跟他一起走"，"这部电影很没意思"不要说成"这部电影好冇得味"，"他还没到，不是路上堵车了吧"不要说成"他还冇到，莫是路上堵车哒吧"，"孩子不太听话"不要说成"孩子不蛮听话"。

2.朗读训练

普通话否定副词相关语句练习：

我没有吃过这种菜。

我身上没有带钱。

你们还没吃饭吧？

丽丽昨天不太舒服，没去上课。

别走！帮我把书清理好吧。

别出去玩了，马上吃饭了！

他不会回单位了。

他身上没有钱了，不是钱丢了吧？

我今天太忙了，没有时间。

（九）程度副词与否定副词连用形式

1. 湘方言程度副词与否定副词连用形式对应的普通话表达

普通话和湘方言都有程度副词与否定副词连用来表达某种否定意义的情况，但表述上存在差别。

（1）不蛮—不太/不怎么

湘方言	普通话
他不蛮愿意读书。	他不太/不怎么愿意读书。
他不蛮懂味。	他不太/不怎么通情达理。

（2）蛮不—很不

湘方言	普通话
细伢子蛮不听话。	小孩子很不听话。
她蛮不出老。	她很不显老。

（3）有好—不很

湘方言	普通话
箇个男的有好高。	这个男人不很高。
这个路有好宽。	这条路不很宽。

（4）好不 / 几不—很不

湘方言	普通话
他好不听讲。	他很不听劝。
箇只路几不平。	这条路很不平。

2.朗读训练

普通话程度副词与否定副词连用形式相关语句练习：

我不太喜欢学英语，真的太难了。

他今天不怎么舒服，所以没来上班。

她听到路人的指责，很不高兴。

这个季节的西瓜不很甜。

他这个人很不老实！

（十）介词

1.方言介词对应的普通话表达

介词是由动词虚化而来，但湘方言的一些介词还未完全虚化，因此兼有多种功能。学习者用普通话表达时需进行对比，避免出现用词不当现象。下面列举一些常见的普通话与湘方言易混淆的介词用例：

（1）走、打—从、到

湘方言	普通话
我走长沙来。	我从长沙来。
你走哪里去哒？	你到哪里去了？
打教室到宿舍要行十分钟。	从教室到宿舍要走十分钟。

（2）对—往、朝、向

湘方言	普通话
刘家大爹拿鱼苗对田里倒。	刘大爷把鱼苗往田里倒。

他对哒我是个笑。　　　　　　　他朝着我不停地笑。

他对哒我眨眼睛。　　　　　　　他向我眨眼睛。

（3）跟—给、替

| 湘方言 | 普通话 |

你跟他打个电话。　　　　　　　你给他打个电话。

明天要是上课咧，你就跟我　　　明天要是上课的话，你就替我

请个假。　　　　　　　　　　　请个假。

（4）拿—把

| 湘方言 | 普通话 |

你莫拿我当宝。　　　　　　　　你别把我当傻瓜。

你拿屋扫一下。　　　　　　　　你把房子扫一下。

（5）照—按 / 按照

| 湘方言 | 普通话 |

要照政策办事啦。　　　　　　　要按政策办事啦。

就照他讲的去做。　　　　　　　就按照他说的去做。

（6）得、把—给

| 湘方言 | 普通话 |

箇本书赔得你。　　　　　　　　这本书赔给你。

苹果把哥哥吃。　　　　　　　　苹果给哥哥吃。

2.朗读训练

普通话介词相关语句练习：

（1）小路不好走，从大路走。

（2）小花狗一直往山上跑。

　　　他把水朝我身上洒。

　　　小明向学校走去。

（3）我给几个孩子讲故事。

　　请你替我打扫教室卫生吧。

（4）把门关上！

　　弟弟把我的书撕烂了。

（5）领导说的，要按政策办事。

　　你就按照我说的去做。

（6）这个玩具我不给妹妹。

　　这个菜留给妈妈吃。

（十一）量词

　　现代汉语的量词负载着一定的语义信息，这种语义信息影响着它与名词的组配选择，即具有一定语义特征的名词优先选择与其语义相适应的量词来搭配。如普通话中细长的东西论"支"，有延展的平面的东西用"张"，小而圆的东西用"颗"等。然而，普通话与湘方言在量词对名词的语义选择上会存在一些差异。我们将湘方言与普通话量词的对应规律总结出来，为湘方言区人说好普通话提供参考。

1.湘方言不同类型量词对应的普通话表达

（1）湘方言通用量词"只"对应的普通话表达

　　湘方言中有一个通用个体量词"只"，其适用范围很广，能搭配的名词很多。可以是人，也可以是物，可以是具体的事物，也可以是相对抽象的事物，如人、动物、植物、器具、食品、服饰、房舍、天文、地理、时间、处所、情感态度、策略方法等。凡是普通话中用"个"搭配的名词，湘方言一般用"只"。普通话中用其他量词的名词，湘方言也有很多用"只"来计量。湘方言的"只"用于计量时通用程度非常高。

　　湘方言中的量词"只"绝大多数可以替换成普通话的量词"个"，但不是所有的"只"都能替换成"个"，学习者在转换时要运用恰当的普通话量词。例如：

湘方言	普通话
一只人	一个人
一只猪	一头猪
一只鱼	一条（尾）鱼
一只帽子	一顶帽子
一只星子	一颗星星
一只车子	一辆车
一只飞机	一架飞机
一只船	一艘船
一只花	一朵花
一只树	一棵树
一只石头	一块石头
一只扣子	一粒扣子
一只电影	一部电影
一只楼	一座楼房
一只缸	一口缸
一只口号	一句口号
一只电池	一节电池
一只病房	一间病房
一只歌	一支歌
一只佛像	一尊佛像
一只灯	一盏灯
一只心意	一番心意

一只季节	一个季节
一只病	一种病

（2）湘方言特殊量词对应的普通话表达

量词与名词的搭配是有要求的，要求所称量的事物语义特征与量词本身语义特征基本一致。每种语言系统都有一定的搭配习惯与规律，湘方言中有些比较特殊的量词，口语色彩浓重，普通话中一般不这样计量。例如：

湘方言	普通话
一坨泥巴	一块泥巴
一兜菜	一棵菜
一皮叶子	一片叶子
一卅西瓜	一瓣西瓜
一蒲眼泪水	一把眼泪
一餐饭	一顿饭
一垛书	一摞书
（写了）一版字	（写了）一页字
一线门面	一排门面
一溜树	一行树
一条肥皂	一块肥皂
一丝丝子盐	一点盐
打一餐	打一顿
读三道	读三遍
数一回	数一次
打一转	去一趟

（3）普通话书面语色彩量词

普通话中有些量词具有明显的书面化特征，湘方言恰恰缺失这部分量词。因此，学习者要熟悉普通话的这些书面色彩量词，掌握数量名搭配词组，如"一册书、一株草、一乘轿子、一沓钞票、一方图章、一艘军舰、一管毛笔、一阕诗词、一枚邮票、一所学校、一幢楼房、一处风景、一名工人、一位教师、一具棺材、一宗交易、一顶花轿、一瓣蒜、一峰骆驼、一缕烟、一汪水、一轴丝线、一则消息、一帧相片"。

2.朗读训练

普通话数量短语练习：

半亩空地	一把铲子	一把镰刀	一杯美酒
一碧蓝天	三层被子	一层厚厚的雪	一场比赛
一场雪	一车土豆	一尺深	一出大戏
一串珍珠	一次牡丹的落花	一次相遇	一寸光阴
一道道五光十色的彩虹		一道儿白	一道后门
一道回廊	一道长虹	一地绚丽的花瓣	一点儿缝隙
一点儿金子	一碟大头菜	一队耕牛	一对孪生兄弟
一朵莲花	一番指点	一份苦难	
一份随心所欲的舒坦自然		一份圆融丰满的喜悦	
一封短柬	一幅壁画	一个采石场	一个大花盆
一个富翁	一个静寂的夜	一个老城	一个难题
一个贫民窟	一个世界	一个收获节	一个妄想
两个建议	一根扁担	一根根引线	
一股湍湍的急流	一锅小米稀饭	几箱西红柿	一髻儿白花
一家店铺	一家人	一肩重担	一件花衣
一件文物	一句成语	一句谚语	一卷历史稿本
一棵榕树	一颗闪光的珍珠	一颗石子	一块木牌
一块糖果	一块温润的碧玉	一块陨石	一类地形

一粒泥土　　　　一脸茫然　　　　一列松土　　　　一缕青烟

一抹朝霞　　　　一排排波浪　　　一盘泡菜　　　　一片菜园

一片灯光　　　　一片橘红色的晚霞　　　　　　　　一片空地

一片绿叶　　　　一片绿洲　　　　一片片火焰

一片肃穆的神色　一片星斗　　　　一圈小山　　　　一群群孩子

一群小伙伴　　　一色雪白　　　　一束鲜花　　　　一束阳光

一束枝丫　　　　一丝花香　　　　一塑料桶淡水　　一潭清水

一条孤寂的小路　一条妙计　　　　一条瀑布　　　　一条小溪

一团泥土　　　　一弯石桥　　　　一弯新月　　　　一位吹笛人

一系列反应　　　一项艺术　　　　一星明亮的火光

一叶用蒲苇削成的膜片　　　　　　一盏明灯

一张极大极大的荷叶　　　　　　　一阵儿小雨　　　一阵风

一阵清风　　　　一阵台风　　　　一阵阵笛音　　　一支考察队

一支柳笛　　　　一只烤鸭　　　　一只小麻雀　　　一只小鸟

一种成熟　　　　一种恶作剧的窃喜　一种精神情感　　一种力量

一种能吞能吐的功能　　　　　　　一种汽水

一种趣味性的眼光　　　　　　　　一种盛况　　　　一种树

一种说不出的滋味　　　　　　　　一种心灵的震颤　一株白杨树

一株枯槐　　　　一株紫藤萝　　　一尊彩塑　　　　一座别墅

一座荒山

二、湘方言与普通话词汇对照表

　　本节所列词汇对照表共收录词语 183 条，按意义归纳为 18 类。选词考虑了湘方言的共性特征，主要来源于《长沙方言研究》（鲍厚星等，1999）、《涟源方言研究》（陈晖，1999）、《邵阳方言研究》

（储泽祥，1998）等著作。每组对照词横杠"—"前为湘方言词，后为普通话词；括号"（　　）"表示括号中的字可有可无，如"（雾）罩子"，湘方言中既可说成"罩子"，也可说成"雾罩子"；斜杠"/"表示或取项，如"发/涨大水"可说成"发大水"，也可说成"涨大水"；不易理解或与普通话名同实异的词语，说明部分用小字号标明。

天文类

起风—刮风	落雨—下雨	落雪—下雪
细雨—小雨	起伏—入伏	扫把星—彗星
（雾）罩子—雾	露水—露	发/涨大水—天涝
（天）干—天旱	烟子—烟<small>烧火形成的</small>	

地理类

砖头（古）—砖	洋灰—水泥	塘—池塘
眼—小窟窿	冷水—凉水	街上—城市
乡里—乡村	巷子—胡同	屋—房子

时令类

日里—白天	夜里—夜晚	断黑—傍晚
天光—天亮	上昼/上半日—上午	下昼/下半日—下午
今日（子）—今天	明日（子）—明天	昨日（子）—昨天
前（去/间/个）日—前天	今年子—今年	
一世——一辈子		

农业劳动类

做事—干活儿	插田—插秧	扯秧—拔秧
杀禾—割稻	作菜—种菜	淋水—浇水
担水—挑水	磨子—磨<small>名词</small>	箢箕—簸箕
起子—螺丝刀		

位置类

屋里—家里	上 / 高头—上面	下头—下面
头前—前头 / 面	后背 / 背后—后头 / 面	对门—对面
门口—面前	侧边—旁边	

饮食类

现饭—剩饭	鸡巴子—鸡腿	猫乳—腐乳
麸子肉—粉蒸肉	蜜糖—蜂蜜	灰面—面粉
猪脚—猪蹄	夜饭—晚饭	

花草蔬果类

花苞子—花蕾	板栗子—板栗	子姜—嫩姜
包谷—玉米	笋子—竹笋	北瓜—南瓜
蛾眉豆—扁豆	瓠瓜—白瓜	黄芽白—大白菜
茭笋—茭白	菌子—蘑菇	扯根菜—菠菜
慈姑（子）—荸荠	豌豆—蚕豆	禾线（子）—稻穗
洋芋（头）—马铃薯		

鸟兽虫鱼类

公子—雄性动物	婆子—雌性动物	红毛野人—猩猩
（叫）鸡公—公鸡	牛婆（子）—母牛	狗崽子—小狗
老虫—老虎	老鼠子—老鼠	蜘蛛子—蜘蛛
偷油婆—蟑螂	打屁虫—椿象	鱼秧子—鱼苗
团鱼 / 脚鱼—甲鱼	檐老鼠—蝙蝠	洋咪咪—蜻蜓

器具用品类

扫把—扫帚	屑子—垃圾	床铺—床
被—被子	垫被—褥子	帐子—蚊帐
挑子—调羹	洋火—火柴	开水瓶—暖水瓶
面盆—脸盆	单车—自行车	

称谓类

毛毛—婴儿　　　　妹子—女孩　　　　伢子—男孩

客—客人　　　　　崽—儿子　　　　　爷（老子）—父亲

爹爹—祖父　　　　媳妇—儿媳妇　　　砌匠—泥水匠

身体类

脑壳—头　　　　　嘴巴皮（子）—嘴唇　舌子—舌头

颈根—脖子　　　　肩胛—肩膀　　　　　手指脑—手指

手巴子—胳膊　　　腿（脚）巴子—腿　　脚板心—脚心

指甲子—指甲　　　打屁—放屁　　　　　眼泪水—眼泪

鼻头浓—鼻涕　　　胞衣—胎盘　　　　　打颤—发抖

衣饰类

绳子衣—毛衣　　　短裤子—短裤　　　　裤脚—裤腿

襻子—鞋襻　　　　鞋带子—鞋带　　　　手圈—手镯

小手巾—手绢　　　尿片子—尿布

动作类

吃酒—喝酒　　　　吃烟—抽烟　　　　　泡茶—沏茶

哽—噎　　　　　　津—吮吸　　　　　　打眼—显眼

晓得—知道　　　　装饭—盛饭　　　　　光（眼）—睁（眼）

耍—玩儿

疾病类

打摆子—患疟疾　　挑针子—麦粒肿　　　闭痧—中暑

灌脓—化脓　　　　坨—疙瘩　　　　　　发癫—发疯

出气不赢—气喘　　痧痱子—痱子

红白大事类

隔奶—断奶　　　　新郎公—新郎　　　　接亲—迎亲

生毛毛—分娩　　　过生—过生日　　　　坐月—坐月子

挂坟—上坟	钱纸—纸钱	落气—咽气
入棺—入殓	算八字—算命	炮竹—鞭炮
走人家—串门儿 / 走亲戚		

商业类

划得来—合算	零碎钱—零钱	息钱—利息
用钱—花钱	算盘子—算盘	赶场—赶集

文化教育类

读书—上学	幼儿班—幼儿园	砚池—砚台
黑板刷子—板擦儿	散学—放学	圆子笔—圆珠笔
考试卷子—试卷儿	末名—最后一名	

文体活动类

跑和子—纸牌	耍狮子—舞狮	耍龙—舞龙
耍魔术—变魔术	猜谜子—猜谜语	京戏—京剧

| 第三章 |

湘方言与普通话语法使用的主要差异

一、最易出错的语法表达

（一）语序

语序是现代汉语表达语法意义与语法关系的重要手段，语序不同，语法结构、语法意义也不同。湘方言与普通话在语序上存在一些差别，湘方言区的人在说普通话时难免会受到方言语法的影响。

1. 语序的差异

（1）结果补语与宾语的位置

普通话中，结果补语一般放在宾语前面，而湘方言中，宾语一般放在结果补语的前面。例如：

湘方言	普通话
打得他赢	打得过他
吃得饭进	吃得下饭
看得他起	看得起他
吃饭不进／吃不饭进	吃不下饭
考大学不起／考不大学起	考不上大学

喂他不大 / 喂不他大　　　　　养不大他

出气不赢 / 出不气赢　　　　　喘不上气

（2）趋向补语与宾语的位置

普通话中，趋向动词作补语时有三种格式：一是补语放在宾语之前，如"借出去一笔钱"。一是补语置于宾语后，如"借一笔钱出去"。一是宾语置于趋向补语之间，如"借出一笔钱去"。

湘方言区长益片与普通话类似，三种格式兼有。但湘方言区娄邵片中趋向补语和宾语排序的一般规则是宾语放在补语之前，动词后有时还加上体标记。例如：

湘方言	普通话
寄咖一笔钱去	寄了一笔钱去 / 寄去了一笔钱
拿哩本书来	拿了一本书来 / 拿来了一本书
买两个馒头回来	买两个馒头回来 / 买回来两个馒头 / 买回两个馒头来

（3）双宾语的位置

普通话中，双宾句一般是指人的间接宾语在前，指物的直接宾语在后。湘方言的双宾句有的与普通话一致，但"给予"类双宾句的语法构造与普通话不同，为"动词+直接宾语+间接宾语"。例如：

湘方言	普通话
借点钱（把）我。	借我一点钱。
我送支钢笔（把）你。	我送你一支钢笔。
奖 500 块钱（把）她。	奖她 500 块钱。
把杯茶（把）我。	给我一杯茶。

（4）状语与中心语的位置

普通话把充当状语的名词、序数词等置于动词前，表示次序。湘方言的语序则恰恰相反，形成状语后置句。例如：

湘方言	普通话
你走头，我走后。	你先走，我后走。
你吃头，我吃二，他吃末。	你第一个吃，我第二个吃，他最后一个吃。
你讲先，他讲二，我讲背。	你第一个讲，他第二个讲，我最后一个讲。

湘方言有时把数量词与"X 的"情态状语一起放在述语后面，有别于普通话的语序。例如：

湘方言	普通话
我睡咖一觉好的。	我好好地睡了一觉。
他打咖几下狠的。	他狠狠地打了几下。
他绊咖跤踏实咕。	他重重地摔了一跤。
我明天去南岳耍几天足的。	我明天去南岳好好地玩几天。

湘方言有时把表范围、程度的副词放在动词后，成为后置状语，有别于普通话的语序。例如：

湘方言	普通话
他吃净菜。	他光吃菜。
他做净坏事。	他专做坏事。

普通话表处所的介宾短语通常放在动词前作状语，而湘方言的介宾短语可以置后。例如：

湘方言	普通话
放盏笔在屉子里。	在抽屉里放了支笔。
我养起鱼在缸子里。	我在缸里养了鱼。

2.普通话常规语序语句朗读训练

爬山虎的脚要是没触着墙，不几天就萎了，后来连痕迹也没有了。触着墙的，细丝和小圆片逐渐变成灰色。**不要瞧不起那些灰色的脚**，那些脚巴在墙上相当牢固，要是你的手指不费一点儿劲，休想拉下爬山虎的一根茎。（叶圣陶《爬山虎的脚》）

开业前，何和理带着李小芳去拜访了马承林，同时**送去丰厚的礼物**，请他给予关照。（李文澄《努尔哈赤》）

尚炯的亲兵王成**拿来了磨好的墨汁和裁好的一副素纸对联**，放在桌上。（姚雪垠《李自成》）

只有烟枪和烟灯，虽然形式和印度，波斯，阿剌伯的烟具都不同，确可以算是一种国粹，倘使背着周游世界，一定会有人看，但我想，**除了送一点进博物馆之外**，其余的是大可以毁掉的了。（鲁迅《拿来主义》）

同事们有的借我衣服、领带，有的劝我理发、喷香水。（朱邦复《巴西狂欢节》）

你去，我也走，我们在此分手；你上那一条大路，你放心走，你看那街灯一直亮到天边，你只消跟从这光明的直线！**你先走，我站在此地望着你**，放轻些脚步，别教灰土扬起。（徐志摩《你去》）

看管把俺们剩下的这两人用锹、棍子狠狠地打了一顿。（梁鸿《中国在梁庄》）

但我同曹叔在一起吃过那么多顿饭，没见他吃过一碗米饭，有时主食除了米饭没别的，**他就光喝酒、吃菜**。（刘心武《妙玉之死》）

鲁迅听了没有说什么，默默地回到座位上。**他在书桌上轻轻地刻了一个小小的字：" 早"**。（吴伯箫《早》）

（二）被动句

被动句是表示被动意义的特殊句式。湘方言在被动标记词上表现出自己的特色，人们转换为普通话表述时要注意区别。

1. 被动句的差异

湘方言的被动句与普通话在语法功能方面有很多共性，但被动标记词的使用有很大差别。湘方言的被动标记词复杂多样，一般不用普通话表被动的介词"被""叫""让"。说普通话时，尤其要注意避免使用广泛运用于湘方言中的"把"类、"给"类被动标记词。例如：

湘方言	普通话
他把得别个打咖一轮死的。	他被别人狠狠打了一顿。
钱把得别个偷咖哒。	钱被别人偷了。
他把得别个打哒一耳巴子。	他被别人打了一耳光。
被子把虫咬烂哒。	被子被虫咬烂了。
我把她骂咖一餐。	我被她骂了一顿。
杯子把我打烂哒。	杯子被我打破了。
她给我打咖一餐。	她被我打了一顿。

2. 普通话被动句朗读训练

她没有像样的服装，没有珠宝首饰，什么都没有。可是她偏偏只喜欢这一套，觉得自己是为了这一套而生的。**她早就指望自己能够取悦于人，能够被人羡慕，能够有诱惑力而且被人追求。**（莫泊桑《项链》）

经过公园前的马路，我正想着心事，忽然听到一声响亮的"喂！"**接着被一个小伙子拉了一把。**一辆红色"的士"飞快地从我面前擦身而过。（马莉《白色方糖》）

夕阳落山不久，西方的天空，还燃烧着一片橘红色的晚霞。**大海，也被这霞光染成了红色，而且比天空的景色更要壮观。**（峻青《海滨仲夏夜》）

早潮正往上涨，**一滚一滚的浪头都被阳光镶上了一层金鳞**：高起来的地方，一拥一拥的把这层金光挤破；这挤碎了的金星儿，往下落的时候，又被后浪激起一堆小白花儿，真白，恰像刚由蒲公英梗子上挤出来的嫩白浆儿。（老舍《二马》）

但是老通宝他们满心的欢喜却被这件事打消了。他们相信六宝的话不会毫无根据。（茅盾《春蚕》）

过去的日子如轻烟，被微风吹散了，如薄雾，被初阳蒸融了；我留着些什么痕迹呢？我何曾留着像游丝样的痕迹呢？（朱自清《匆匆》）

（三）处置句

普通话的处置句是在谓语动词前用介词引出动词支配对象的句子，比较常见的处置式标志是介词"把"，这种处置句也可称为"把"字句，如"弟弟把我的书撕烂了"。"把"字句在湘方言中表述方式与普通话有区别。

1. 处置句的差异

湘方言的处置句有时不借助介词"把"而直接将受事（即动作的承受者）放在句子前面，一般还会出现完成体标记词，有时在句末还用第三人称"它"复指主语。例如："箇瓶酒去吃咖它。""糖粒子收起它。"学习者要把这种表达置换成普通话处置句的结构形式，即处置标记词"把" + 受事 N+VP。因此，前面两个句子应该转换成："把这瓶酒喝了。""把糖收起来。"再如：

湘方言	普通话
碗先洗咖着。	先把碗洗了再说。
封信发咖哩。	把这封信发了。
门去关咖它。	去把门关上。
箇碗现饭子吃咖它。	把这碗剩饭吃了。

2. 普通话处置句朗读训练

我是中国人——

我那长城一样的巨大手臂，

不光把采油钻杆钻进外国人预言打不出石油的地心，

也把通信卫星送上祖先们梦中不曾到过的白云，

当五大洲倾听东方声音的时候，

我骄傲，我是中国人！（王怀让《我骄傲，我是中国人》）

这个猴啊，是从来也没有吃过西瓜。忽然，他想出了一条妙计，于是就把所有的猴都召集来了。（《猴吃西瓜》）

去年冬季大考的时候，我因为抱病，把《圣经》课遗漏了；第二天我好了，《圣经》课教授安女士，便叫我去补考。（冰心《画——诗》）

他实在是命运险恶。才教课三个月，一次台风，把陈旧的校舍吹坍。那天他正在上课，拐着腿拉出了几个学生，自己被压在下面。从此，他的下肢完全瘫痪，手也不能写字了。（余秋雨《酒公墓》）

（四）否定结构

1. 否定结构的差异

湘方言的否定结构表达式与普通话存在区别，不仅表现在语序上，还表现在特殊的结构形式上。

（1）否定式动补结构

普通话的动补结构，否定副词"不"位于补语前，修饰补语，组成"动词+不+补语"的格式。而在湘方言中，"不"置于动词前，组成"不+动词+补语"的格式。例如：

湘方言	普通话
大声一点，不听见咧！	大点儿声，听不见啊！
太暗哒，不看见。	太黑了，看不见。

他不舍得吃，不舍得用，抠死哒！　他舍不得吃，舍不得用，太小气了！

（2）特殊否定结构

湘方言中有一类特殊的结构，"连＋否定词＋AP/VP"，表示说话人对某人或某事"抱怨、责备"的感情和态度。这里的"连"总是与否定副词连用，用在否定句中，加强否定语气。普通话中没有这种表述方式，普通话的同义结构为："一点儿（NP）都不＋AP/VP"。例如：

湘方言	普通话
连不做一点事。	一点儿事都不做。
那只妹子个腰像水桶样，连不细。	那女孩的腰像水桶，一点儿也不细。
那只井眼里的水连不干净。	那口井里的水一点儿都不干净。
我买起的苹果连不好吃。	我买的苹果一点儿都不好吃。
连不着急一点。	一点儿都不着急。
连不索利一点。	一点儿都不干净。

2. 普通话否定句式朗读训练

这一切可怕的景象，哪一天才会看不见？这一切可怕的声音，哪一天才会听不到？这样的悲剧，哪一天才不会再演？一切都像箭一般地射到我的心上。（巴金《我的心》）

我舍不得你，我怎舍得你呢？我用手拍着你，抚摩着你，如同一个十二三岁的小姑娘。（朱自清《绿》）

我仿佛听见几只鸟扑翅的声音，但是等到我的眼睛注意地看那里时，我却看不见一只鸟的影子。只有无数的树根立在地上，像许多根木桩。（巴金《鸟的天堂》）

在她的心灵深处，未来和过去是两个相反的互不相容的极端，但却同时在她心里存在着、混淆着。"亲爱的，我一点儿也不反对你正

义的行动。"（杨沫《青春之歌》）

公园里边卖什么的都有，油炸糕，香油掀饼，豆腐脑，等等。他一点儿也不买给我吃。我若是稍稍在那卖东西吃的旁边一站，他就说："快走罢，快往前走。"（萧红《呼兰河传》）

（五）"得"字句

"得"字在湘方言中比较活跃，湘方言区人时常会使用"得"字句。湘方言的"得"字句与普通话在结构、意义等方面都有所区别，使用时要引起注意。

1."得"字句的差异

"得"在普通话中属动态助词，而在湘方言中，"得"有很多不同的意义与用法，能组合成不同的结构，表现出不同的词性。为了表达简洁，下文用 V 表示动词，A 表示形容词，C 表示动词后的补语。

（1）V 得

这种结构中的"得"多数情况下大致相当于普通话的"能、可以、好"。例如：

湘方言	普通话
吃得睏得，样样事做得。	能吃能睡，什么事都能做。
依双鞋子还穿得。	这双鞋子还能穿。
他就做得啦，一天到晚闲不住。	他真能做事啊，一天到晚闲不住。
箇是他爷姆妈的钱，他花得。	这是他父母的钱，他可以花。
箇身衣服我穿得。	这套衣服我可以穿。
箇菜味道蛮好，吃过的人下讲吃得。	这菜味道很好，吃过的人都说好吃。

有时，湘方言中可在"V 得"前加上副词"还、尽"等，带有一些责备意味，而普通话中不能这样使用。例如：

湘方言	普通话
你还问得！就是你闯的祸。	你还问，就是你闯的祸！
你看你，作业也不做，尽玩得。	你看你，作业也不做，老是玩儿。

（2）A 得

湘方言中的"A 得"语法结构实际上省略了后面的补语成分，强调的是后面的状态，句末会用上升的语调与延长"得"字音长来加强语气，普通话中一般用感叹句"真 A"或"A 得不得了"来表述。例如：

湘方言	普通话
今天的鱼汤味道蛮好，新鲜得！	今天的鱼汤味道很好，真新鲜！
你箇件衣服邋遢得！	你这件衣服脏得不得了！

（3）V 得 C

湘方言"V 得 C"中的"C"一般为处所词语、时间词语或数量短语等，补充说明动作存在的处所、持续的时间、达到的程度等，"得"相当于普通话的"在"和"到"。例如：

湘方言	普通话
他爱坐得地上耍泥巴。	他喜欢坐在地上玩泥巴。
手表放得桌子高处哒。	手表放在桌上了。
走得街上买咖一大堆家伙。	走到街上买了一大堆东西。
雪落得第二天才停。	雪下到第二天才停。
他的视力已经减得零点一哒。	他的视力已经减到零点一了。

湘方言区有些地方这种结构中的"C"还可以是一些固定短语组成"V 得要死"或"V 得下不得地"，此时"得"不再相当于普通话的"在"和"到"，而是表达"一直 V"或"V 得如何"。需要注意的是，这种句法中 V 的位置上也可以是形容词 A。我们进行普通话表述时要转换成"一直 / 一个劲儿地 V""A 得很"等格式。例如：

湘方言	普通话
他笑得要死。	他一直／一个劲儿地笑。
今天冷得下不得地。	今天冷得很。

2.湘方言"得"字句普通话相应表达朗读训练

森林，是地球生态系统的主体，是大自然的总调度室，是地球的绿色之肺。**森林维护地球生态环境的这种"能吞能吐"的特殊功能是其他任何物体都不能取代的。**（《"能吞能吐"的森林》）

马慕韩这**一着真毒辣**，过去拖人下去，要大家给他抬轿子，现在倒咬一口，亲自来抓人，用别人的血来洗干净自己的手。**这个办法想得真聪明。**（周而复《上海的早晨》）

忽然见华大妈坐在地上看他，便有些踌躇，惨白的脸上，现出些羞愧的颜色；但终于硬着头皮，走到左边的一座坟前，放下了篮子。（鲁迅《药》）

小屋子里沉闷起来，**空气紧张得很**，许多人拼命地把烟朝肚子里抽吸，发出"嗤嗤唑唑"的好像轮胎漏气一般的声音。（吴强《红日》）

（六）比较句

比较句是表示比较的句子，通常是对两种事物进行对比，可以分为等比、差比、极比、递比等。例如：

她与她姐姐一样高。（等比）

我的衣服比你少多了。（差比）

人的本领最大。（极比）

他姐姐一天比一天胖。（递比）

1.比较句的差异

湘方言中，多数比较句与普通话句法格式基本一致，但有一种差比句与普通话的表达形式稍有不同，要注意区别。

差比是 N1、N2 两事物相比较，N1 超过或不如 N2，表达这样语义的句子就叫差比句。湘方言中的差比句"N1+VP+N2+ 数量词"，在普通话中用"N1+ 比 +N2+VP+ 数量词"格式来表达。例如：

湘方言	普通话
他高咖你一点点。	他比你高一点。
他细咖他老兄一岁。	他比他哥哥小一岁。
他高咖你蛮多。	他比你高了许多。
我细咖他两岁。	我比他小两岁。

湘方言的差比句"N1+ 当不得 / 比不得 / 比不上 +N2"，普通话中只能用"N1+ 比不上 / 不如 +N2"。例如：

湘方言	普通话
他当不得你。	他比不上你。/ 他不如你。
李老师的学问当不得 / 比不得 /比不上王老师。	李老师的学问比不上王老师。
我比不得你，屋里条件差。	我比不上你，家里条件差。

2.普通话差比句朗读训练

表姐的女儿每天上四楼读书。**她比圆圆大两岁**，读上下两册《看图识字》。(杨绛《我们仨》)

那个李铁两道黑眉，脸上一遭儿黑连鬓胡，长得可真威武！他个儿比你高半头吧？（雪克《战斗的青春》）

虽然姑爹小船上盖的只是破旧的篷，远比不上绍兴的乌篷船精致，但姑爹的小渔船仍然是那么亲切，那么难忘……（吴冠中《父爱之舟》）

他们给我的东西再多再好，即使是金山银海，也比不上你的一个眼神，一根发丝。（张平《十面埋伏》）

二、湘方言与普通话语法差异对照表

本节选取了长沙市、益阳市、汨罗市、娄底市、湘乡市、邵阳市、衡阳市、溆浦县等8个点为湘方言点代表，设计了被字句、把字句、差比句等特殊句式以及与特殊语序、否定结构等语法点相关的例句，把这些例句的方言说法与普通话进行对比，制作了湘方言与普通话语法差异对照表，供学习者参考。

表3-1　湘方言与普通话语法差异对照表（1）

例句 ＼ 方言点	补语宾语语序	双宾语语序	状语中心语语序	状语中心语语序	动补否定语序
	我打得过你。	给我一本书。	你先去吧，我们等一会儿再去。	他饱饱地吃了一顿。	没开灯，看不见！
长沙市	我打得你赢。	把本书我。	你先去啰，我们等下子再去。	他吃咖一餐饱的。	冇开灯，不看见！
益阳市	我打得你赢。	把本书我。	你先去啰，卬侬等下咀再去。你走头啰，卬侬等下咀再去。	他吃咖一餐饱的。	冇开灯，不看见！
汨罗市	我打得你赢。	把本书把我。	你先去啰，我等一下再去。	他吃嘚餐饱个。	冇开灯，不识见！冇开灯，识不见！

例句\方言点	补语宾语语序	双宾语语序	状语中心语语序	状语中心语语序	动补否定语序
	我打得过你。	给我一本书。	你先去吧，我们等一会儿再去。	他饱饱地吃了一顿。	没开灯，看不见！
娄底市	我打得你赢。	拿本书伺我。	你行头去咧，我阿等下唧再去。	他吃哩一餐饱个。	冇开灯，不看见！
湘乡市	我打得你赢。	哈我一本书。	你行头去啰，我俺等下唧再去。	他吃咖一餐饱的。	冇开灯，不看见！
邵阳市	我打得你赢。	把本书（把）我。	你先去吧，我们等一下子再去。	他吃咖一餐饱个。	没开灯，唔看见！
衡阳市	我打得你赢。	得本书得我。	你先去啰，我们等下再去。	他吃咖一餐饱个。	冇开灯，不看见！
溆浦县	我打得你赢。	把我过本书。	你当门行，我齐家背地来。	他吃呱一餐饱个。	冇开灯，睋捞不到！

说明：方言部分用字使用的是同音字。下同。

表 3-2　湘方言与普通话语法差异对照表（2）

例句\方言点	特殊否定结构	被字句	把字句	差比句	能愿表达
	他一点儿事都不做。	帽子被风吹走了。	把那个东西拿给我。	我比你大三岁。	我能走。
长沙市	他连不做一点事。	帽子被风吹咖哒。	把那只家伙拿把我。	我大你三岁。	我走得。
益阳市	他连不做一点事。	帽子捵风吹咖哒。帽子被风吹咖哒。	把哦只家伙把我。	我大咖你三岁。	我走得。

例句\方言点	特殊否定结构	被字句	把字句	差比句	能愿表达
	他一点儿事都不做。	帽子被风吹走了。	把那个东西拿给我。	我比你大三岁。	我能走。
汨罗市	他连不做一点事。	帽子捞风吹落嘚。帽子得风吹落嘚。	把那个东西拿起把我。	我比你大三岁。	我走得。
娄底市	他连不做一点路。	只帽子拿哈风吹咖去哩。	拿者那只东西伺我。	我比你大三岁。我大（咖）你三岁。	我行得。
湘乡市	他连不做一点路。	帽子哈风吹起行咖哩。	把那只家伙拿向我。	我比你大咖三岁。	我行得。
邵阳市	他连唔做一点事。	帽子被风吹倒行咖哩。	把那只东西端把我。	我比你大咖三岁。我大咖你三岁。	我行得。
衡阳市	他连不做一点事。	帽子得风吹走咖哒。风拿帽子吹走咖哒。	把那只东西得我。	我大咖你三岁。	我走得。
溆浦县	他一颗事都冇做。	帽子被风吹去呱了。	把东西拿来过我。	我比你大三岁。我大你三岁。	我行得。

| 第四章 |
朗读和说话训练

一、朗读训练

朗读是用普通话把书面语言转化为有声语言的一种再创造的活动，是朗读者在理解作品的基础上用自己的语音塑造形象，反映生活，再现作者思想感情的再创造过程。

朗读不仅可以提高朗读者的阅读能力，强化理解能力，还可以培养朗读者对于语言敏锐细致的感受力和鉴赏力。成功的朗读，可以感染他人，引起共鸣，起到教育人、鼓舞人的作用。朗读中的表情达意和技能技巧的运用，也可以提高朗读者的口语表达能力。朗读中坚持用普通话，有利于综合理解和运用普通话的声母、韵母、声调的语音知识，是学习普通话的重要途径。朗读训练是普通话正音训练的继续，是说话能力训练的开始，同时，还是提高口语表达能力的有效方法。所以，湘方言区学习者要重视朗读的训练。

朗读的基本要求是要读得正确、流利、有感情。所谓正确，指的是语音规范，吐字清晰，要用标准的普通话来朗读。所谓流利，就是读得流畅，不磕磕巴巴、断断续续。所谓有感情，就是要准确深入地体会作品中的情感，用有声语言准确生动地表达出来。

（一）湘方言区学习者朗读时容易出现的问题

湘方言区的学习者在朗读中会有这样的困惑，当很有感情地朗读作品的时候，常常会被认为有很重的方音，为什么会出现这种情况呢？我们来分析一下湘方言区的学习者在学习普通话朗读时经常出现的问题。

1. 字音不准确

（1）受方言影响的声韵调错误

湘方言区的学习者常常会因为平翘舌音不分，鼻边音 n 与 l 不分，唇齿音 f 与舌根音 h 不分，前后鼻韵母 an 与 ang 不分、en 与 eng 不分、in 与 ing 不分等而出现朗读的误读。如朗读巴金的《繁星》时，有人把"最爱看 zuì'àikàn"读作了"zhuì'àikàn"，把"无数 wúshù"读作了"wúsù"，是平翘舌音不分；把"繁星 fánxīng"读作了"huánxīn"，"怀里 huáilǐ"读作了"fáini"，是典型的唇齿音 f 与舌根音 h 不分、前后鼻韵母不分、鼻边音 n 与 l 不分。

声调也会受到方言的影响发生误读。如朗读"在维护生态环境方面也是功劳卓著"中的"卓"字，有的学习者很容易错读为"zhuō"，因为湘方言区的入声字绝大部分归为阳平和去声，与之形近的入声字"桌"就是归入了阴平，受此影响，湘方言区的学习者很容易将"卓zhuó"错读为"zhuō"。

（2）误读多音多义字与异读词

普通话中有很多的多音多义字，还有一些经过审定的异读词。在朗读中，如果掌握不好就很容易出错。但是，湘方言中有的多音多义字只有一个读音，受此影响，湘方言区的学习者容易将一些多音多义字误读为一个读音。如湘方言中"吐"只有一个读音，"孩子吃得都吐了"与"不要随地吐痰"中的"吐"在湘方言区的很多地方都只有一个读音，受此影响，有些学习者在朗读时很容易不加区分，如读"山上多栽树，等于修水库。雨多它能吞，雨少它能吐"时，有人把"吐 tǔ"读成"tù"，没有考虑这个音节在此处表达的是"使东西从嘴里出来"的意思，而不是"（消化道或呼吸道里的东西）不自主地从嘴里涌出"的意思。

另外，还有一些异读词和有异读的作为"语素"的字，有两个或两个以上的读音，表示的意义也各有不同，但是在湘方言中这些字词只有一个读音。当湘方言区的学习者按照方言习惯读这些字词时，就会发生误读。如"露"的读音，在书面语体中一般读"lù"，如"赤身露体、露天、露骨、露头角、藏头露尾、抛头露面"等，在口语中一般读"lòu"。而湘方言中，一般都读"露 lòu"，因而在朗读郑莹《家乡的桥》时，有人把"蜕变的桥，传递了家乡进步的消息，透露了家乡富裕的声音"中的"透露 tòulù"读作了"tòulòu"。

（3）因偏旁类推误读字音

在普通话中，对于某些不熟悉的字词，按照形声字偏旁类推规律来读是可以的。但是，在湘方言中，由于一些声旁字的读音与普通话的读音相去甚远，导致湘方言区学习者按照方言的特点来类推时会出现误读。如在朗读峻青《海滨仲夏夜》时，有人把"天空的霞光渐渐地淡下去了，深红的颜色变成了绯（fēi）红，绯（fēi）红又变为浅红"中的"绯"字读作了"fěi"，就属于根据"绯"字的声旁类推所造成的错误，因为"匪、诽、菲、悱、斐、蜚、翡"等字都读"fěi"。

2.语流音变错误

朗读时，音节是一个一个相连而出的，连着念的音素、音节或声调之间常常会相互影响而产生语流音变。湘方言区的学习者在朗读中受到方言影响，很容易出现语流音变的错误。主要表现为：

（1）不会变调

由于湘方言中的上声不是一个曲折调，在语流中一般不变调；"一""不"在湘方言区的很多地方读作本调，造成湘方言区学习者在学习普通话时，忽视"一""不"的连读变调。比如在朗读舒婷《这也是一切》时，有人根本就不会注意其中"一""不"的连读变调，全部读成了本调。

（2）轻声误读

湘方言中的轻声与轻读音难以区分，造成一些学习者的轻声概念模糊，将轻声按照本调重读，音长拉得很长，与正常重读音节的时值相等，失去了轻声的语音特征。尤其是句末为轻声音节的句子，如果把轻声读得清晰饱满且时值长，往往使句调呈高平走向，方言语调明显。

还有的学习者在读轻声时，轻声的音高模式与普通话有较大差异，如把上声后的轻声音高读成又轻又短的 31 调，去声后的轻声读成又轻又短的 44 调，听感上显得生硬，比较明显地表现出方言语调。如朗读欧震《月光下的中国》：

我喜欢她宁静的样子

喜欢她温柔中的强大力量

在夜色里她银装素裹

仿佛无数雪花的绽放

散发着梅的清香

"喜欢"的"欢"、"样子"的"子"都应该读作轻声，但有的学习者因缺乏对轻声的认识，把"欢"字重读，这样很容易形成方言语调。

（3）误读儿化或儿化缺少卷舌色彩

湘方言中没有儿化韵母，在朗读时，学习者很容易误读儿化词语。有的忽视儿化读音，有的将儿化音节读成两个音节，还有的学习者发"e"时开口度太小，无法卷舌，使儿化没有卷舌色彩，听上去很生硬。如在朗读峻青《海滨仲夏夜》时，有人就把"空气中飘荡着一种大海和田禾相混合的香味儿"中的"香味儿"读成了"香味"加"儿"三个音节，或者干脆没有卷舌色彩，变成了"xiāng wèi ér"。

（4）"啊"的音变错误

湘方言中语气词"啊"缺少变化，因此很多学习者会忽视"啊"在不同音素后的音变，或者受方言语气词的影响，把"啊"误读为"呵、哦、嗷"等方言中的语气词，如"祖国呵，我亲爱的祖国"。

3. 语调不规范

语调是指句子里声音高低升降的变化，是语气外在的快慢、高低、长短、强弱、虚实等各种声音形式的总和。语调是湘方言区学习者的一个学习难点，因为它体现在非音质的音高、音长、音强等因素上，人们在学习普通话时往往对非音质成分不够敏感，很难发现语调上的问题。同时，受湘方言语调影响，在朗读的连续语流中，很容易形成语调偏误。朗读中语调方面的偏误主要体现在：

（1）四个声调的调值受方言影响而发生偏差

湘方言区的人在朗读中常常受到方言的影响，导致调值不到位，直接影响普通话的语调抑扬顿挫的音乐美。一般有这样的特点：高平调阴平55的调值不够高，如长沙、株洲等地学习者受方言影响调值在44或者33；或者阴平不够平，在结尾处稍稍上扬；阳平升不到位；上声字在朗读中一般读半上（21），却变成了升调，如将"北方"读成了"béifāng"；去声起调不够高或者降不下来，形成一个低降的调子；古入声字今读时出错，如"袭击 xíjī"读成"xíjí"等。

　　另外，湘方言区很多地方的去声分阴去和阳去两种。以长沙话为例，长沙话的阴去是升调，调值为 45（宽式记为 55）；阳去是一个降调，调值为 21（宽式记为 11）。朗读的时候，学习者很容易受到方言的影响，特别是当去声处在句末位置时，表现出湘方言特有的方言语调。如朗读巴金《繁星》中的"我爱月夜，但我也爱星天。从前在家乡七八月的夜晚在庭院里纳凉的时候，我最爱看天上密密麻麻的繁星。望着星天，我就会忘记一切，仿佛回到了母亲的怀里似的"，有人把"月夜""庭院""纳凉""忘记""一切"中的"夜""院""纳""记""切"全部读作接近 45 的升调，或把"夜"读作接近 21 的低降调，或者不管句子的末尾是什么调值，都一律往下坠，形成特有的方言语调。

　　（2）词语的轻重音不对

　　普通话中，双音节词语中重格式较多，三音节或四音节的最后一个字也大多读作重音。但湘方言中，双音节词语中轻格式多，三音节词语最后一个字一般轻读。受此影响，一些学习者将普通话双音节词语的中重格式读成中轻格，或者将三音节最后一个字该重读的处理为了轻读，在朗读的连续语流里表现出一种方言调。如朗读巴金的《繁星》（→表示拉长重拖）：

　　我爱月→夜，但我也爱星→天。从→前在家→乡七八→月的夜→晚在庭→院里纳凉的时候，我最→爱看天上密密麻麻的繁→星。望着星→天，我就会忘记一切，仿佛回→到了→母亲的怀里似的。

　　一些湘方言区学习者常常会把"月夜""星天""从前""家乡""夜晚""庭院""最爱""繁星""星天""回到"等双音节词语或结构中的前字拉长，重拖，把三音节词语"七八月"中的"八"拉长，重拖，表现出一种方言语调。

（3）不能根据不同的语气选择恰当的语调，朗读的句调无变化

声调是音节的高低升降曲直变化，而在句子中也会呈现出不同的变化形式，句子中的语调称之为句调。句调是句子音高升降的变化。句调能够表现出不同句子的不同思想感情。但是，湘方言区的学习者在学习中容易将句子读成固定无变化的句调，或者不管内容与情感的变化，在朗读时让每一句话的语调都变成降抑调，句尾统一往下坠。如朗读巴金《繁星》（↘表示句尾往下坠）：

我爱月夜↘，但我也爱星天↘。从前在家乡七八月的夜晚在庭院里纳凉的时候↘，我最爱看天上密密麻麻的繁星↘。望着星天↘，我就会忘记一切↘，仿佛回到了母亲的怀里似的↘。

这样将一段话全部读成降抑调，非常不符合普通话语感，是一种典型的方言语调的表现。这段话的句调应按下列的标示来朗读（↗表示升调，↘表示降调）：

我爱月夜↗，但我也爱星天↘。从前在家乡七八月的夜晚↗在庭院里纳凉的时候↘，我最爱看↗天上密密麻麻的繁星↘。望着星天↗，我就会忘记一切↘，仿佛回到了↗母亲的怀里似的↘。

4. 朗读中有方言的节律

（1）因湘方言的语法重音与普通话的语法重音不同造成方言节律

在不表示什么特殊的思想和感情的情况下，根据语法结构的特点，强调句子的某些部分，这就是语法重音。湘方言有自己特殊的语法重音，表现在朗读中便与普通话有些不同。

一般短句中，湘方言常重读主语的中心词（加着重号表示，下同）。如：

你的书买了吗？
全世界无产阶级，联合起来！

湘方言常重读程度副词、疑问代词。如：

谁是最可爱的人。

矛盾了很长一段时间。

我们是怎样度过这惊涛骇浪的瞬息！

普通话的介词一般不重读，但湘方言的某些地区介词重读。如：

这一次是在早晨，阳光照在水面上，也照在树梢上。

因为改变了普通话的重读习惯，所以湘方言区学习者在朗读中语调带上浓厚的方言色彩。

（2）语句重音读错，影响了意义表达和语言的节律美

语句重音读错可能导致语句内容和情感表达的偏差，也可能产生交际障碍。以"明天你来"为例：

明天你来。（强调的是时间明天，不是今天或昨天）

明天你来。（强调来的对象是你，不是他）

明天你来。（强调的是动作来，不是去）

还有人把本该重读的词读得很轻，影响语义的准确表达，同时也是方言语调的表现。如：

古时候有一个人，一手拿着矛，一手拿着盾，在街上叫卖。

这句话的重音应该是"矛"和"盾"，以突出它们的对立关系，为下文揭示其矛盾作铺垫。若重音选择不当，会带上方言色彩。如有人朗读时，会这样突出重音：

古时候有一个人，一手拿着矛，一手拿着盾，在街上叫卖。

这样的重音朗读，被大家认为有方言语调。

（3）不会停连

朗读中的停连是指朗读语流中声音的中断和延续，是停顿和连接的合称。停连的表达只有在充分理解和领会的基础上才能比较好地完成。停连的方言色彩主要表现在停连模式的雷同上。湘方言区的学习

者由于缺乏普通话语感，在停连处理上仅以标点符号为依据，有标点则停，无标点则连。如：

我喜欢站在小河边看哥哥、 | 姐姐在河里游泳。

这样的停顿，破坏了表意的连贯性，使语义不清晰，还可能产生歧义。正确的表达应该是取消此处标点符号的停顿而连接：

我喜欢站在小河边 | 看哥哥、姐姐在河里游泳。

一些湘方言区的学习者在学习朗读时，还表现出停连模式的雷同。他们不按意群停顿，习惯于两三字一停、三四字一顿，音节的数量、停顿的时间都大致相同，呈现出一种固定的节奏；停连方式多为音停气停，没有气息的连贯，给人支离破碎、磕磕巴巴的感觉。如：

马路旁的 | 人行道 | 比马路 | 要整整 | 高出 | 一个 | 台阶。

以上这些方言语调的基本特征在湘方言的朗读中会不自觉地表现出来。一般来说，方言语调越明显，特征的综合性就越强。因此，湘方言区人要掌握标准的普通话，不仅要在音质音位的准确性上下功夫，还要在非音质音位的韵律节奏上下功夫。

（4）与情感毫无关联的语速过快或过慢

湘方言区人在朗读时，方言语调还表现在朗读时与情感毫无关联的语速过快或过慢。语速受作品或说话人情感的影响，该快则快，该慢则慢。人们使用普通话交际，比较平稳的语速是每分钟出字240个左右，快速和慢速在每分钟300～150个音节之间浮动。如果缺乏变化，或一律很快或很慢，与内容、情感毫无关联，形成的节奏都是属于方言语调范畴的。

5.固定腔调朗读，缺乏感情

朗读时，人们会因为朗读材料的情感不同而呈现出不同的语调、语气等。如：

明天你来？↗（全句的音高逐渐升高的话，表达了说话人询问的语气）

明天你来！↘（全句的音高逐渐下降的话，表达了说话人命令的态度）

可以看出，因情感不同而语调不同。如果离开了语句内容和情感，用固定的腔调来朗读，就会让朗读显得刻板无味，意思表达不准确甚至错误，这些问题其实也是受到了湘方言的语音语调的影响。

所以，湘方言区的人学习普通话的朗读，一定要重点关注这些方面的问题。

（二）湘方言区学习者朗读辨正训练

1. 读准声母、韵母

对于通过朗读来提高普通话水平的初学者来说，一定要注意朗读中每一个音节读音的准确性，要把训练重点放在语音规范的练习上，尽量避免语音失误。建议学习者在朗读前要对比湘方言与普通话的声韵调的不同，按照普通话的标准音来朗读。可以根据湘方言与普通话的差异，把朗读材料中那些受方言影响容易读错的难点标出来，在朗读的时候提醒自己要多加注意。如朗读艾青《我爱这土地》，就可以找出其中容易读错的字词：

假如我是一只鸟（niǎo），

我也应（yīng）该用嘶（sī）哑的喉咙（hóu·lóng 可轻可不轻）歌唱（chàng）：

这被暴风雨所打击着的土地，

这永（yǒng）远汹涌（xiōngyǒng）着我们的悲愤（fèn）的河流（liú），

这无止（zhǐ）息地吹刮着的激怒（nù）的风（fēng），

和那（nà）来自林（lín）间的无比温柔（wēnróu）的黎明（míng）……

——然（rán）后我死了，

连羽毛也腐烂（fǔlàn）在土地里面。

为什么（shénme）我的眼里常含（chánghán）泪水？

因为（yīn·wèi 可轻可不轻）我对这土地爱得深沉（shēnchén）……

找出字词后，要加强难点字词的训练。建议先单个练习，然后再放到语流中进行训练。对于那些容易读错的声母，要找准发音部位，逐个练习；对于容易读错的韵母，一定要注意韵母口型的变化，发好韵母头，注意韵母腹的拉开立起、韵母尾的归音到位，要在反复练习中形成良好的发音习惯，争取在有文字凭借的情况下发好每一个音，做到语音规范、吐字清晰。通过朗读的练习，逐步培养字音朗读的标准、规范。

2. 掌握多音多义字与异读词的正确读音

多音字的书写形式虽然一样，但在不同的语言环境中，意义不同，读音也不一样，在朗读中要注意加以区分，据词定音，避免语音失误。平时也要注意多积累并记住这样的多音多义字。此外，普通话中有的词（或词中的语素），存在着异读现象，湘方言区学习者在朗读短文时要按照《普通话异读词审音表》（1985）中的读音来读。

3. 标出语流音变，勤加练习

朗读时，要注意所涉及的变调、轻声、儿化和语气词"啊"的音变，初学者可以标出这些音变，勤加练习。例如，在朗读舒婷《祖国啊，我亲爱的祖国》时，不要把"啊"读成了"he"，而应该根据"啊"的音变规律，在"祖国"的后面出现时，读作"ya"。湘方言区学习者在朗读时可以标出朗读材料中的音变，先在词语中练习，然后再放到朗读的语流中练习，通过这样的反复训练，逐步形成普通话的音变语感。

4.改变方言的轻重格习惯，在听读中培养对句子的轻重语感

（1）通过多听多读改变方言中的轻重格习惯，培养普通话的轻重格语感

前面我们已经提到，湘方言的轻重格式与普通话不同，湘方言中最后一个音节轻读的现象很普遍，但普通话后一个音节重读的现象普遍。例如，绝大多数的双音节词读"中·重"格式，"报纸""台风"（中·重），少数的双音节词是后一个字读得轻，如"太阳""父亲"（重·次轻），"风筝""答应"（重·最轻）。三音节词大多数读为"中·次轻·重"格式，如"调度室""差不多"。四音节词大多数读为"中·次轻·中·重"格式，如"卓尔不群""坚韧不拔"。但这种轻重格式没有严格的规定，全靠平时的语感，学习者最难掌握。

要想形成普通话轻重格的正确语感，首先必须要认识到什么是轻重格，了解普通话轻重格的特点以及表现形式，反复练习每一种格式的读法。其次，要多听标准普通话的朗读与新闻播读，在听的过程中形成普通话轻重格的语感。再者，平时要勤加练习，在朗读时有意识地改变自己方言中固有的轻重格模式，遵循普通话的轻重格基本形式，在朗读中克服因为轻重音的位置不对而形成的方言语调。

（2）掌握普通话的语法重音规律

湘方言的语法重音的分布，与普通话有一些区别，学习者在朗读时要善于对比总结。一般来说，普通话的语法重音位置比较固定。常见的规律是：

一般短句中的谓语部分常重读。如：

你的书买了吗？

全世界无产阶级，联合起来！

动词或形容词前的状语常重读。如：

他焦急地等着。

句子中的定语、补语及兼语结构常常重读。如：

我这时突然感到一种异样的感觉，觉得他满身灰尘的后影，刹时高大了，而且愈走愈大，须仰视才见。而且他对于我，渐渐的又几乎变成一种威压，甚而至于要榨出皮袍下面藏着的"小"来。（鲁迅《一件小事》）

有些代词也常重读。如：

谁是最可爱的人。

如果一句话中成分较多，重读也就不止一处，往往优先重读定语、状语、补语等连带成分。如：

我们是怎样度过这惊涛骇浪的瞬息！（定语）

快把那炉火烧得通红。（补语）

值得注意的是，语法重音的强度并不十分强，只是同语句的其他部分相比较读得稍微重一些罢了。如果把语法重音读得过于强调，也会成为一种方言语调。

（3）根据情感选择重音，而不是按照方言习惯选择重音

朗读者必须深入理解作品，要根据语意表达以及情感需要来确定重音，不能根据方言的重音习惯来选择重音。如：

希望本无所谓有，无所谓无的。

这一句话的重音要放在"有"和"无"上，突出对比。如果按照湘方言的习惯，句尾字音轻读，"无所谓"就会成为重音，形成方言语调。

5. 读准四个声调的调值，正确运用好句调，减少方言语调

要减少语调偏误，首先应注意读准四个声调的调值，其次要注意轻声的节律，最后就是要根据不同的语气选择恰当的句调。

（1）读准四声，保证调值规范正确

普通话的四个声调都有自己固定的调值，在朗读的时候，要注意保证每个声调的调形正确，调值规范到位。如朗读欧震《月光下的中国》：

我一直想为月光下的中国写一首诗

我喜欢她宁静的样子

喜欢她温柔中的强大力量

在夜色里她银装素裹

仿佛无数雪花的绽放

散发着梅的清香

湘方言区的学习者朗读时要注意加点字的声调，"诗"是阴平，要注意"一路高高一路平"；"直、宁"是阳平，注意调尾要升到5度；"静"是去声，要注意是全降调，起点很高，落点很低，注意对比高度变化；"绽放"是两个去声相连，"绽"的去声变成了53，"放"要读作51；"清香"是两个阴平相连，"清"调值稍低，可读为44，"香"要读作55。朗读时，可以用手势辅助练习，帮助练好每一个声调的读音。

（2）注意轻声的节律

湘方言区学习者在朗读的时候要注意读好轻声词，轻声词读得不好，也会表现为一种方言语调。轻声词的读音规范，指的是轻声词应该按照轻声的发音特点来朗读。普通话的轻声主要是读得短而轻，并且在轻读时会失去原有的调值。所以，在朗读中，学习者需注意不要读得太长，本调调形不能依稀可见，也不要读成了阴平。平时

练习时，湘方言区学习者要反复对比方言中的读音与普通话的区别，在对比中掌握轻声的正确读法，同时也要通过多听多读来培养自己的语感。

其次，要注意朗读作品中有哪些词语应该读作轻声。对于"子、头、们、呢、吗、吧"一类的语法轻声，湘方言中一般也读作轻声，学习者不用强记。但是，对于朗读作品中习惯上要读轻声的词语，学习者需要平时加强积累和记忆。同时，有些习惯读轻声的词语，湘方言中并不读轻声，要挑出来重点训练。如朗读何其芳《预言》：

这一个心跳的日子终于来临！
你夜的叹息似的渐近的足音，
我听得清不是林叶和夜风私语，
麋鹿驰过苔径的细碎的蹄声！
告诉我，用你银铃的歌声告诉我，
你是不是预言中的年轻的神？

其中加点的字都要读作轻声，这里面有结构助词"的、得"，还有一些习惯读轻声的词语"日子、似的、告诉"。朗读时，为了防止受到湘方言影响而读错，可以在朗读之前标出来先练习，然后再放到朗读作品中一起训练。湘方言区学习者读好了轻声，也能够使自己的普通话显得更加规范，更加自然。

（3）克服方言固定腔调，根据不同的语气选择恰当的语调

湘方言区学习者在初学阶段害怕受到方言语调影响，用普通话朗读时语调上往往缺少变化，表现出一种刻板固定的腔调。要改变这一现象，应该重点学习一些普通话朗读的句调知识。如能注意句调的升降变化，语音就有了动听的腔调，听起来便具有音乐美，也能更细致地表达不同的思想感情。

普通话常见的句调主要有以下几种：

升调（↗），前低后高，语势上升。一般用来表示疑问、反问、惊异等语气。高升调多在疑问句、反诘句、短促的命令句子里使用，或者是在表示愤怒、紧张、警告、号召的句子里使用。如：

父亲说："你们爱吃花生吗？"（↗）（许地山《落花生》）

降调（↘），前高后低，语势渐降。一般用来表示肯定、坚决、赞美、祝福等感情。降抑调一般用在感叹句、祈使句或表示坚决、自信、赞扬、祝愿等感情的句子里。表达沉痛、悲愤的感情，一般也用这种句调。朗读时，注意语势逐渐由高降低，末字低而短。如：

似乎每一片树叶上都有一个新的生命在颤动，这美丽的南国的树！（↘）（巴金《鸟的天堂》）

平调（→），一般多用在叙述、说明或表示迟疑、思索、冷淡、追忆、悼念等句子里，表示庄严、悲痛、冷淡等感情。朗读时，语调始终平直舒缓，没有显著的高低变化。如：

可是，我……我还没有向您请教呢……（→）（纪广洋《一分钟》）

曲调（∧↗或者∨↘），常用来表示讽刺、厌恶、反语、意在言外等语气，用来表示特殊的感情，如讽刺、讥笑、夸张、强调、双关、特别惊异等。朗读时，句调弯曲，或先升后降，或先降后升，把句子中某些特殊的音节特别加重、加高或拖长，形成一种升降曲折的变化。例如：

好个国民党政府的"友邦人士"！（∨↘）（鲁迅《"友邦惊诧"论》）

但也不能一概而论。不能碰见疑问句就读升调，遇见陈述句就读降调，还是要根据句子的结构和语气来定。一般来说，在是非疑问句中，如果句子没有语气词，往往读升调。如：

这是你的书？↗

如果句子有语气词"吗、吧"，负载疑问和猜测信息，应读降调。

如：

他明天会去吧？＼

特指疑问句因疑问代词在句中位置的不同而句调不同。一般来说，疑问代词在句首的，用降调。如：

什么事这么着急？＼

疑问代词在句末的，用升调。如：

班长是谁？／

疑问代词在句中的，用曲调。如：

今天为什么放假？∧／

6. 根据语义正确停连，减少方言中的无意义停连

朗读应合理安排停连，要克服湘方言区学习者的固定腔调和两三字一顿、三四字一停的停连特点，必须要注意按照句子的意群及句子成分的划分来停连，同时还要克服只按标点停连、停连时间完全一致的毛病。

（1）按照句子的语义停连

一般来说，停顿的位置，可根据意群及句子成分的划分来确定，以不破坏意思的完整性为前提，否则，会造成停连不当。如：

来呵！让我们紧紧地挽住雷锋的这三条│刀伤的手臂吧！（贺敬之《雷锋之歌》）

有人在"三条"之后略作停顿，就会给人造成"三条手臂"的错觉，影响理解的正确性。正确的停连应是：

来呵！让我们│紧紧地挽住│雷锋的│这三条刀伤的手臂吧！

（2）不受标点符号限制进行停连

作品中的标点符号是朗读者安排停连的重要参考。但朗读实践告诉我们，朗读的停连不能完全受标点符号的制约。没有标点符号的地方，有的也需要停连；有标点符号的地方，有的则需要连接。因此，在一定的语境中，应该大胆突破语言的"标点符号"，大胆根据朗读目的来停连，这样就可以克服一些固定的读书调，克服死板念字的弊病。如：

我的狗 | 慢慢向它靠近。‖ 忽然，⌒从附近一棵树上飞下一只黑胸脯的老麻雀，像一颗石子似的落到狗的跟前。老麻雀全身倒竖着羽毛，⌒惊恐万状，发出绝望、凄惨的叫声，⌒接着向露出牙齿、大张着的狗嘴扑去。（［俄］屠格涅夫《麻雀》，巴金译）

这段话如果只按标点符号来停顿，就会使句意不够连贯。因此，要打破标点符号所提示的停连。"老麻雀全身倒竖着羽毛，惊恐万状""发出绝望、凄惨的叫声，接着向露出牙齿、大张着的狗嘴扑去"，虽然句子之间有逗号，但朗读时要尽量连读；而"我的狗慢慢向它靠近"中虽然没有逗号，却要在"我的狗"后稍作停顿，这样能够体现当时紧张的氛围。

（3）注意语义抱团，克服方言中的固定停连习惯

在朗读中，湘方言区学习者要克服因方言节律的影响而两三字一顿、三四字一停的现象，应该要对所朗读的句子进行语义分析，理清句子成分之间的逻辑关系。如：

地球上的人 | 都会有国家的概念，但未必时时都有 | 国家的感情。（冯骥才《国家荣誉感》）

"地球上的人"是整个句子的主语，不能分割，要形成一个完整的语义团连着读；"都会有"构成了谓语，也不能随意分割；"国家的概念"是宾语，要尽量连在一起；"但未必时时都有"是下一个分句的谓语，也是不能分割的；"国家的感情"是下一个分句的宾语，也要尽量连在一起读。有了这样的语义团概念，朗读时，就要尽力克服在方言朗读中养成的两三字一顿、三四字一停的坏习惯，将语义

团内部的音节形成连续的语音整体，使语流更连贯清晰，层次更分明。

7.掌握朗读技巧，有感情地朗读

要克服朗读中的固定腔调，就要有感情地进行朗读。想达到这样的要求，就要掌握一定的朗读技巧。具体说来，需要注意以下几点：

（1）正确理解作品，把握情感基调

朗读要做到有感情，就一定要理解作品，把握作品的情感基调。只有透彻地理解作品，才有深切的感受，才能准确掌握作品的基调与节奏，正确地表现作品的思想感情。

（2）正确运用形象感受，用语音再造作品的形象与意境

高尔基曾说过："作家的作品要能够相当强烈地打动读者的心胸，只有作家所描写的一切——情景、形象、状貌、性格等等能历历地浮现在读者的面前，使读者也能各式各样地想象他们，而以读者自己的经验、印象及知识的积蓄去补充和增补。"作为朗读者，我们应该将作品中"描写的一切——情景、形象、状貌、性格等等能历历地浮现在读者的面前"，才能在朗读中表达得真切、具体、生动、形象，才能打动人。要运用好形象感受，朗读者还要注意抓住作品中最能表达事物形象的实词。这些实词，让人仿佛看到、听到、嗅到、尝到、伸手就可得到，使作品中的景、人、事、物、情能在朗读者内心跳动起来，好像亲眼看到、亲身经历一样，从而产生"内心视像"。如朗读舒婷《祖国啊，我亲爱的祖国》：

我是你河边上破旧的老水车，

数百年来纺着疲惫的歌；

我是你额上熏黑的矿灯，

照你在历史的隧洞里蜗行摸索；

我是干瘪的稻穗；是失修的路基；

是淤滩上的驳船

把纤绳深深

勒进你的肩膊；

——祖国啊！

（3）注意抑扬顿挫、轻重缓急的变化，读出作品的节奏

湘方言区学习者要改变用一个节奏快读或慢读作品的习惯，要学会朗读节奏的运用。

节奏是朗读中朗读者由一定的思想感情的起伏所形成的，在有声语言的表达上所显示的快与慢、抑与扬、轻与重、虚与实等种种回环交替的声音形式。根据声音形式的速度、力度和亮度方面的特点以及声音高低、轻重、疾徐三方面不同的对比组合关系，可以将节奏分为六种类型。即：

轻快型：语势多扬少抑，语音轻快、欢畅。如朱自清《春》。

凝重型：语势多抑少扬，语音沉着、坚实有力。如臧克家《有的人》。

低沉型：语势抑闷、沉重，语音缓慢、偏暗。如李瑛《一月的哀思》。

高亢型：语势向高峰逐步推进，高昂、爽朗。如叶挺《囚歌》。

舒缓型：语势长而稳，语音舒展自如。如席慕蓉《一棵开花的树》。

紧张型：语势急促、紧张，气急，音节的音长较短。如彭加伦《飞夺泸定桥》。

朗读中节奏的运用要根据不同文章的思想感情来处理声音的抑扬顿挫、轻重缓急，注意运用对比来展现节奏，强化朗读中有声语言的表现力。一般来说，有这样的原则：欲抑先扬，欲扬先抑；欲停先

连，欲连先停；欲轻先重，欲重先轻；欲快先慢，欲慢先快。表达焦虑、恐惧、愤怒、激动、热切、欢畅的心情或雄辩的情绪，朗读的节奏会快一些，表达回忆、沉思、缅怀、忧伤、悲痛、沉重、苦恼、绝望、崇敬、爱慕的心情，朗读的节奏要慢一些；叙述紧张的、急剧变化的场面，朗读的节奏要快一些，叙述平静的心情、描述庄重的场面，朗读的节奏要慢一些。只有这样加强对比，纵控有度，才能在朗读中展示出不同的节奏，体现出不同的思想感情，才不会运用固定刻板的腔调来朗读。

（三）朗读训练

1. 朗读下面的材料，注意加点字词的读音

夜色加浓（nóng），苍空（cāngkōng）中的"明灯"（míngdēng）越来越多了。而城市各处的真的（zhēn de）灯火也次第（cìdì）亮了起来，尤其是围绕（wéirào）在海港（hǎigǎng）周围山坡上的那一片灯光，从半空倒映（dàoyìng）在乌蓝的海面上，随着波浪（bōlàng），晃动（huàngdòng）着，闪烁（shǎnshuò）着，像一串流动着的珍珠（zhēnzhū），和那一片片密布在苍穹（cāngqióng）里的星斗（xīngdǒu）互相辉映，煞（shà）是好看。

（峻青《海滨仲夏夜》）

2. 读下面的句子，注意加点字词的读音

我们姐弟几个都很高兴，买种（zhǒng）、翻地、播种（zhòng）、浇水……（许地山《落花生》）

牛似的模样（múyàng）。（贾平凹《丑石》）

儿时放的风筝，大多是自己的长辈或家人编扎（biānzā）的，几根削（xiāo）得很薄（báo）的篾（miè）。（李恒瑞《风筝畅想曲》）

3. 读下面的材料，注意其中的语流音变

我第一次吃荔枝，是 28 岁的时候。那是十几年前，我刚从北大荒回到北京，家中只有孤零零的老母。站在荔枝摊前，脚挪不动步。那时，北京很少见到这种南国水果，时令一过，不消几日，再想买就买不到了。想想活到 28 岁，居然没有尝过荔枝的滋味，再想想母亲快 70 岁的人了，也从来没有吃过荔枝呢！虽然一斤要好几元，挺贵的，咬咬牙，还是掏出钱买上一斤。那时，我刚在郊区谋上中学老师的职，衣袋里正有当月 42 元半的工资，硬邦邦的，鼓起几分胆气。我想让母亲尝尝鲜，她一定会高兴的。（肖复兴《荔枝》，注意上声的变调）

一个春天的周末，男孩居然独自来到蛋糕店，我不禁一喜，见他忐忑，又隐隐担忧。今天顾客特别多，有个小女生过生日，丁香树下的两张桌子被拼到一起，坐满了笑语盈盈的小伙伴。店主一个人忙，他说老妻在楼上，怎么叫都不肯下来，又在为丁香树不开花的事不高兴了，为了给她个惊喜，已经找人来挖树了。男孩神色愈发紧张，嘴唇哆嗦着，欲言又止，只是摇头。最后男孩缓缓张开双臂，蹲下去，再站起来。一句话哽在胸口，如一朵花哽在枝丫，他只能以这种方式表达。（刘继荣《我在教丁香树开花》，有改动，注意"一""不"的变调）

一阵风吹来，树枝轻轻地摇晃，美丽的银条儿（yíntiáor）和雪球儿（xuěqiúr）簌簌地落下来，玉屑似的雪末儿（xuěmòr）随风飘扬，映着清晨的阳光，显出一道道五光十色的彩虹。（峻青《第一场雪》，注意儿化韵母的音变）

我想张开两臂抱住她，但这是怎样一个妄想啊（nga）。……仿佛蔚蓝的天融了一块在里面似的，这才这般的鲜润啊（na）。（朱自清《绿》，注意"啊"的音变）

4. 读出下列句子中的语法重音

东风来了，春天的脚步近了。

一切都像刚睡醒的样子，欣欣然张开了眼。

手势之类，距离大了看不清，声音的有效距离大得多。

5. 找出下面语句的强调重音并朗读

于是有人慨叹曰："中国人失掉自信力了。"如果单据这一点现象而论，自信其实是早就失掉的。先前信"地"，信"物"，后来信"国联"，都没有相信过"自己"。假使这也算一种"信"，那也只能说中国人曾经有过"他信力"，自从对国联失望之后，便把这他信力都失掉了。（鲁迅《中国人失掉自信力了吗》）

6. 朗读郭小川《团泊洼的秋天》的节选段落，注意停连

请听听吧，这是战士｜一句句从心中‖掏出的话。↘

团泊洼，团泊洼，↗你真是那样｜静静的吗？

是的，团泊洼是静静的，但那里｜时刻都会‖轰轰爆炸！↘

不，团泊洼是喧腾的，这首诗篇里｜就充满着‖嘈杂。↘

7. 朗读叶挺《囚歌》，注意语调的运用

为人进出的门紧锁着，（→平直调，冷眼相看）

为狗爬出的洞敞开着，（→平直调，冷眼相看）

一个声音高叫着：（∧↗曲折调，嘲讽）

爬出来吧，给你自由！（∨↘曲折调，诱惑）

我渴望自由，（→平直调，庄严）

但我深深地知道——（→平直调，庄严）

人的身躯怎能从狗洞子里爬出！（↗高升调，蔑视、愤慨、反击）

我希望有一天，（→平直调，思索）

地下的烈火，（↗稍向上扬，语意未完）

将我连这活棺材一齐烧掉，（↘降抑调，毫不犹豫）

我应该在烈火与热血中得到永生！（↘降抑调，沉着、坚毅、充满自信）

8. 朗读下面四段话，注意读准声韵调和词语的轻重音格式

母亲说："今晚我们过一个收获节，请你们父亲也来尝尝我们的新花生，好不好？"我们都说好。母亲把花生做成了好几样食品，还吩咐就在后园的茅亭里过这个节。（许地山《落花生》）

萤火虫在夏夜的草地上低飞，提着一盏小小的红灯，殷勤地照看这个花草的世界。

萤火虫，你不觉得你的灯光太小了么？不觉得你是在燃烧你自己么？

萤火虫没有回答。它还在不停地飞来飞去，提着它那美丽的用生命燃起的红灯，飞舞在万花之中……（柯蓝《萤火虫》）

在这幽美的夜色中，我踏着软绵绵的沙滩，沿着海边，慢慢地向前走去。海水，轻轻地抚摸着细软的沙滩，发出温柔的唰唰声。晚来的海风，清新而又凉爽。我的心里，有着说不出的兴奋和愉快。（峻青《海滨仲夏夜》）

汨罗江流淌得太沉重、太疲倦了。两千多年的路程，多少沧海变成了桑田，多少英雄化成了云烟，而所有曾经有过的兴衰荣辱，也都成为几册史书，供后人圈圈点点，任意评说；只有汨罗江还在默默流淌。

我就这样，一直站在江边，不觉夜色已深。还是回去吧，回去吧，只是别把脚步放得太重，惊扰了那个正在碧波间沉吟的老人。（江南梅《站在一条河流的边沿》）

9. 朗读下面的短文，体会形象，感受节奏

听　潮

鲁　彦

海睡熟了。（慢）

大小的岛拥抱着，偎依着，也静静地恍惚入了梦乡。（慢）

许久许久，我俩也像入睡了似的，停止了一切的思念和情绪。（舒缓型）

不晓得过了多少时候，远寺的钟声突然惊醒了海的酣梦，它恼怒似的激起波浪的兴奋，渐渐向我们脚下的岩石掀过来，发出汩汩的声音，像是谁在海底吐着气，海面的银光跟着晃动起来，银龙样的。接着我们脚下的岩石上就像铃子、铙钹、钟鼓在奏鸣着，而且声音愈响愈大起来。（语速慢慢加快，语势渐起）

没有风。海自己醒了，喘着气，转侧着，打着呵欠，伸着懒腰，抹着眼睛。因为岛屿挡住了它的转动，它狠狠地用脚踢着，用手推着，用牙咬着。它一刻比一刻兴奋，一刻比一刻用劲。岩石也仿佛渐渐战栗，发出抵抗的噪叫，击碎了海的鳞甲，片片飞散。（逐步加快，向高峰推进）

海终于愤怒了。它咆哮着袭击过来，猛烈地冲向岸边，冲进了岩石的罅隙里，又拨刺着岩石的壁垒。

音响就越大了。战鼓声，金锣声，呐喊声，叫号声，啼哭声，马蹄声，车轮声，机翼声，掺杂在一起，像千军万马混战了起来。（高昂、爽朗）

银光消失了。海水疯狂地汹涌着，吞没了远近大小的岛屿。它朝我们的脚下扑了过来，响雷般地怒吼着，一阵阵地将满含着血腥的浪花泼溅在我们的身上。（高亢型）

二、说话的要求与技巧

语言学习的归宿与目的是语用，普通话的学习离不开语言实践训练。说话考查的是说话人在自然状态下运用普通话语音、词汇、语法的能力，它最能全面体现说话人的普通话的真实水平。对于湘方言区的人而言，普通话是"第二语言"，方言语境对学习普通话有一定程度的冲击与阻碍。只有加强专业技能的训练，创设良好的普通话语境，才能让口语表达更标准、更具艺术性。

（一）说话的基本要求

与朗读不同，说话是在没有任何文字凭借的情况下进行的普通话言语交际，难度之大不言而喻。说话人不仅要做到语音、词汇、语法合乎规范，还要保证语言的表达自然流畅。

1. 语音要标准

语音方面，湘方言区学习者除了保证音节的声母、韵母发音标准（如前所述）之外，需重点关注的还有语调。声调决定字调，字调影响语调。说话时声调不饱满、不正确，会导致话语的语调偏误。

湘方言的调类比普通话丰富，调值也有不同表现。由于受本地方言语音的影响，说普通话时阴平、阳平调值偏低，湘方言多数地区阴平 55 读成 33，阳平 35 读成 13。有时甚至改变声调调形，如去声在普通话中是全降调 51，湘方言区的人读成高升调 45 或 35。在进行普通话言语表达时，需尽量保持阴平与阳平的音高，把阴平 33 升高至 55，把阳平 13 调整至 35，同时把去声上扬的调形 45 或 35 改为全降 51。只有把握好每个音节的声调调值与调形，才能保证普通话言语表达语调的准确。

有人说，只要掌握了普通话的声母、韵母和声调，就能说出纯正标准的普通话了。其实，这是一种误解。对于湘方言区的人来说，学习普通话不仅要学习规范的字音，还要注意言语表达中多音节词语的轻重格式。湘方言区的人习惯把常见的普通话"中·重"双音节格式处理成"重·轻"格式，如"电视（中·重）"说成"电视（重·轻）"，"国家（中·重）"说成"国家（重·轻）"。此外，"明白、相声、本事、比方、补丁、财主、差事、柴火、打量、打听、耽误、含糊"等普通话轻声词在湘方言中常被读成了"中·重"格式的词。可见，普通话言语表达中的轻重格式也是湘方言区学习者普通话是否规范标准的重要衡量指标之一。

2. 词语讲究规范

湘方言区人说话会不经意地夹杂一些带有地方特色的方言词，这让其所说的普通话听上去不那么地道。为了避免出现这种情况，需做到以下几点：

首先，注意区分与普通话词形相同但意义不同的湘方言词，要使用普通话的说法。如：

他真的有点不清白。普通话中"清白"是洁净无污之义，而湘方言中指的是清楚、明白。建议改为：他真的有点糊涂。

屋里邋遢死哒。普通话中"邋遢"一般用于人，湘方言中可引申用来形容物品、环境等肮脏。建议改为：家里太脏了！

我前世没想过你会去。普通话中"前世"指人生的前一辈子，是一种迷信说法，而湘方言指根本。建议改为：我根本没想过你会去。

其次，不用与普通话意义相同但词形不同的湘方言词。如：

我走错路了，赶快打倒。其中"打倒"建议改成"掉头"。

走到巷子当头就到了。其中"当头"建议改成"尽头"。

再次，不用普通话中没有的湘方言词。如"扮桶、禾刷子、五指虎、七星辣、花衣酒、打三朝、吃新、茶钱子、壁鬼子、皮猴子"等。

3. 语法合乎规则

如前所述，湘方言与普通话在语法表现方面有些不同。说话时，湘方言区学习者不可避免地会运用方言语法的表达，经常出现语序不当、被动句等特殊句式表达不规范等问题。

首先，语序要正确。如"你先走"不要说成"你走先"，"吃得下饭"不要说成"吃得饭进"，"借我一点钱"不要说成"借点钱把我"或"借点钱我"。特别是有些否定结构的语序要格外留意，如"一点儿事都不做"不要说成"连不做一点事"，"看不见"不要说成"不看见"。

其次，注意被动句的规范表达。如"被子被虫咬烂了"不要说成"被子把虫咬烂哒"。

再次，正确使用差比句。如"我比他高一点"不要说成"我高咖他一点点"。

4. 表达自然流畅

"自然"是不勉强，不局促，不呆板；"流畅"是流利、通畅。言语表达"自然流畅"要求说话人使用接近日常生活的鲜活的口头语言流利地进行表达，不矫揉不造作，不卡顿不重复。

第一，尽量用口语形式表达语义。书面语与口语遣词造句不一样，句法表现不一样，思维方式也不尽相同，如果把书面语言"生搬硬套"到口头表达中，就会显得很不自然甚至"磕磕巴巴"地不流畅。因此，湘方言区学习者首先应尽量避免使用具有强烈书面语色彩的文言词、古语词、文学用语和晦涩难懂的专业术语等。对于一些专业的概念，可以运用生动形象的比喻、类比等修辞手法来说明。如解释"人文学科"这个抽象概念，可以这样说："我们可以用一个家庭来说明问题。大家知道，一个家必须要有厨房和卫生间，这些是最实用的。而家里最没用的东西，数来数去，可以说是墙上挂的那幅齐白石画的虾。可是，家里有客人来了，你会带他去参观厨房和卫生间吗？大家坐在客厅谈论得最起劲的，恐怕就是齐白石画的那只虾了。人文学科就是那只虾。"

再有，尽量不用结构庞杂的长句，多用短句。例如：

俄罗斯科学家最近设计出一种外形为不透光的黑色管状物，具有重量轻、体积小、精确度高、抗干扰能力强的特点和数字摄像、使航天器准确识别方向等功能的新型星际指南针。建议改为：俄罗斯科学家最近设计出一种新型星际指南针。它的外形是不透光的黑色管状物，重量轻、体积小、精确度高、抗干扰能力强，具有数字摄像、使航天器准确识别方向等功能。

此外，要尽量少用关联词等解释性的语言，多运用描述性语言让语句逻辑关系更明晰，表达更连贯。例如：

那天因为天气很热，所以我穿得很少。建议改为：那天天气太热，我只穿了条短裤。

因为台子有8米高，所以我站在上面直发抖。建议改为：我站在8米高的台子上，双腿直发抖。

第二，防止出现严重的"字化现象"。"字化现象"指的是普通话使用者说话时以单音节（一个字）为发音表义的单位，把一句话处理成了字与字的简单相加，从而影响了语句流畅度的现象。这种"字化现象"通常是由于说话人过分注重每个字声韵调的发音与发声技巧，平均用力，如同读字机器机械反复地运动，使人听上去味同嚼蜡、呆板生硬。可见，说话如同唱歌，只有把一个个音符合成优美的旋律才能悦耳动听。湘方言区人说话时只有用正确的字音配上轻重缓急、抑扬顿挫的节奏变化才能准确流畅。

第三，语速适中。普通话表达意义和传播信息时，正常语速约为每分钟 240 个音节（字），根据内容、语气等的不同，正负 10 个音节（字）视为正常。说话时语速过快，思维跟不上语言，会出现卡顿或磕巴的情况，还会导致吃字，使说话人吐字含混不清，影响信息的准确度和流畅度。说话时语速过慢，又显得拖沓松垮，话语不畅。所以，适当的语速是话语自然流畅的必要保证。湘方言区人说话时要尽量保持适中的语速，吐字清楚，表达顺畅。

第四，不滥用口头禅。说话是没有文字依托的口语表达形式，具有鲜明的即席性和随意性。适当的口头禅不仅能让语言变得更亲切自然，还能充当语篇衔接手段，促进话语组织的连贯性。然而，如果说话人过度使用口头禅，不但无助于话语的衔接和连贯，还会使语言链条断裂，话语被肢解得支离破碎。解决湘方言区人说话时口头禅过频的问题有以下建议：首先，平时注意扩充词汇量，讲究语言锤炼；其次，通过聆听、朗读一些经典的文学作品，用优美、规范的语言改造口头禅；再次，说话时应深思熟虑，有意识地放慢语速，培养从容冷静的言语习惯，避免出现口头禅过频的情况。

（二）说话的技巧

说话往往是即兴口语表达，有些说话人由于缺乏说话技巧，说话时内容空洞、层次不清、逻辑混乱，甚至无话可说。下面介绍五种说话基本技巧供湘方言区学习者参考：

1.言之有物
"言之有物"就是说话要传递足够的信息量，让听者有所收获。

这就要求说话人要有一定的知识面、开阔的视野、活跃而敏捷的思维。思维与话语关系紧密，说话其实是将思维过程用言语方式输出的过程。如与"水"相关的话题，运用发散思维，以"水"的特性为切入点可以想到："水是万物之源，它滋养万物，我们要节约水资源。""滴水穿石的故事告诉我们，要有坚持不懈的精神。""即使石块也阻挡不了水前进的脚步，因此要不畏艰险。""上善若水，水善利万物而不争，这象征着无数默默无闻、甘于奉献、不争名夺利的人。""水只有汇入江河才能发挥应有的作用，所以仅靠个人力量成长是有限的，依靠团队力量，带给你的成功将是无限的、巨大的。"思维的拓展，可以让表述更有内容、更有思想。

2. 言之有序

"言之有序"就是说话要符合逻辑，条理清晰，层次分明，重点突出。叙述时依照事情的先后顺序，描述时遵循一定的空间顺序，评述时注意逻辑顺序。那么，如何做到"言之有序"呢？在此介绍两种方法：

第一种方法，运用"几点论"原则，在说话中使用一些关键词。每个话题可以说几点，可以用数词"一、二、三……"或者"第一、第二、第三……"，可以用"首先、其次、最后"，还可以用几个关键词展开论题。例如：

《矮子的风采》（摘录）

……那么，矮个儿怎样才能也具有风采呢？我有几点心得可供参考：

第一，要有自信。论个子，我比他低一头，而论觉悟、学识、才能，可能比他更胜一筹！这也叫"以长补短"吧？（鼓掌）

第二，不要犯忌讳，大凡麻子怕说麻子，秃子甚至怕说电灯泡，其实越犯忌讳越尴尬，不如自己说白了反而没事。我常有机会跟北方汉子们在一起开会或聊天，我跟他们开玩笑：我不如你高，你可别怪

我，怨只怨我们那山上的猴子就个子小些！（鼓掌、哄笑）

第三，把胸脯挺起来，但也用不着踮脚尖，衣着讲究适当，比方不穿横条、方格的衣服，但也用不着老穿高跟鞋，我主张矮要矮得有骨气，还是脚踏实地好！

第四，最重要的还是本人的德学才识，有修养，有风度，对社会有贡献，自然受人爱戴。

趁着晚会的高兴劲儿，解开这个"矮子问题"，不知台下的某些同学心里是否踏实些？（长时间热烈鼓掌）

（摘自沙聪颖等《演讲与口才》，江苏大学出版社，2014）

这段话是原湖南师范大学党委副书记戴海在一次大学生晚会上的即兴演讲，整体上用"第一""第二""第三"等按照逻辑顺序组织内容，说明矮个儿如何具有风采，层次清楚，语言畅达。

第二种方法，运用"三步策略"，即：What，是什么？ Why，为什么？ How，怎么样？如以"奉献"为主题的说话，我们可以按照这种"三步策略"构思：1.奉献是什么？（奉献是为国家或公众做有益的事，毫无保留，不求回报。）2.为什么要奉献？（A.是生命的本质，是自然界生命运动的规律。B.是永恒的赞歌。C.是幸福的源泉。）3.怎样奉献？（用默默的"石桥"与灿烂的"彩虹"对比总结奉献的两种方式：有的人一生默默奉献，虽然没有惊天动地的壮举，却成就了生命的永恒；有的人生命虽然短暂，但就是那瞬间的辉煌铸就了人们心中的永恒。）

3.言之有理

"言之有理"就是说话要有理论与事实依据，讲出道理。因此，在说话时选择的材料要充分、典型、具体。如两位说话人谈《泰坦尼克号》的观后感：

说话人甲：它讲述的决不仅仅是让人声泪俱下的爱情，还有令人回味的哲理，这个哲理就是"称大必亡"。不是吗？"泰坦尼克"刚刚启程，就得意扬扬地以天下第一、天下最大、天下最豪华的阵容傲视这个世界了。但也正是这样一艘妄自尊大的船，偏偏沉了。于是神话成了噩梦，笑语成了哀歌。这无疑是个沉甸甸的启示：越是自以为天下第一，就越不自知、不自觉，也就越有可能面临危险和灾难。"泰坦尼克号"沉了，但这个启示不沉，这启示，就写在巨浪滔天的愤怒的大海上，也写在《泰坦尼克号》这部好莱坞大片上。

说话人乙：随着"泰坦尼克号"的沉没，美丽的爱情被惊涛骇浪埋葬了，可是，当您回首发生在"泰坦尼克号"上的凄美爱情时，注意过影片中的这样一个情节吗？这就是，航运公司的大老板布鲁斯为了追求名利，为了能让"'泰坦尼克号'创造横跨大西洋最快纪录"这一新闻出现在第二天的报纸上，他到处游说，甚至下了道死命令，命令"泰坦尼克号"提速并全速前进，这才在不知不觉中埋下了祸根。换言之，真正断送了"泰坦尼克号"的并不是海上的狂风与巨浪，而是布鲁斯的虚荣，是一心想出人头地的瞎指挥！从《泰坦尼克号》中我们可以看出：哪里有瞎指挥，哪里就有灾难！反之，想让你的"泰坦尼克号"乘风破浪永远向前，就要脚踏实地，而且，真正使你乘风破浪的，也只能是——脚踏实地！

两位说话人分别从"称大必亡""脚踏实地"两个不同的角度谈感想，选择的材料相同，反映的主题有别，但都内容详实、理论分明，讲起来头头是道，使人心悦诚服。

4. 言之有情

"感人心者，莫先乎情。""情"是说话的起点，是实现说话人与听话人互动的纽带。说话人真诚地讲述心灵深处的情感体验，才能爱憎喜恶分明，语言绘声绘色，达到感染受众、与之进行情感交流的目的。例如：

我的成长之路

老师，现在站在你们面前的，就是我自己在过去的 19 年中所完成的作品。这件作品虽然现在还并不能搬到巴黎卢浮宫去展览，也不可能被美国国家历史博物馆花天价购去收藏，但，这的确就是我，一件我自己花了 19 年时间创作出来的作品。

当然，这件作品并不是我凭一己之力创作出来的。在这里我首先要感谢我的父母，是他们给了"我"这件作品的原材料，并为"我"造出了雏形，有一句英文台词说得很好，翻译过来就是，你所遇见的人和你所经历过的事决定了你将成为什么样的人。

回忆一下"我"这件作品的创作历程，在不同的时期还是遇到了许多的创作困难，小学一年级第一次考语文时，我考了 52 分，哭着鼻子找我妈在考卷上签名。

初一的时候第一次考英语，我考了个 50 分，班主任开了个班上最差同学家长会，我爸榜上有名。

高一时第一次数学单元考，全班 9 个人挂了，我考了 50 分，气得我爸将原本打算送班主任的月饼也给扔了。

小时候，我以为是自己不够聪明，长大了以后我就喜欢以"天将降大任于斯人也"来自我安慰。虽然现在我也还没搞清楚挂科与天降大任之间有什么区别，是否挂科就一定意味着能降大任。

我承认，我从一开始就并非上帝选中的幸运儿。但是我自己总是在为"我"不断成长塑造，从刚开始为了能不用哭着鼻子找我妈在考卷上签个名，到现在为了让自己能不断地进步，我一直在为"我"这个作品的雕造和创作而努力，我的这个作品能出色，比去年的我，比昨天的我，甚至比上一分钟的我更加出色而不断去进取。著名女主持人杨澜曾说过，可以不成功，但不可以不成长。这句话现在也正是我的座右铭。我相信，在我不断地努力下，"我"这件作品一定会变得更加优秀、更加出色。

（摘自《普通话测试与训练》，湖南大学出版社，2011）

这个语篇把自己看成是自己的作品，很有创意。最可贵的是说话人的坦诚，他用心讲述了小学、初中、高中的考试挂科事件，来说明成长过程中的麻烦，情感真挚，令人动容。

5. 言之有趣

"趣"就是生动有趣。说话人要善用修辞，让语言插上翅膀。例如：

每一条河流都有自己不同的生命曲线，但是每一条河流都有自己的梦想，那就是奔向大海。我们的生命，有的时候会是泥沙，你可能慢慢地就会像泥沙一样，沉淀下去了。一旦你沉淀下去了，也许你不用再为了前进而努力了，但是你却永远见不到阳光了。所以我建议大家，不管你现在的生命是怎么样的，一定要有水的精神，像水一样不断地积蓄自己的力量，不断地冲破障碍。当你发现时机不到的时候，把自己的厚度给积累起来。当有一天时机来临的时候，你就能够奔腾入海，成就自己的生命。（俞敏洪）

这段话运用了拟人、类比等修辞手法，把抽象的道理具象化，让语言变得更加生动形象。

同一个主题老生常谈、人云亦云，必将枯燥无趣、索然寡味。说话人如果运用逆向思维，从相反的角度思考问题，往往能让话语体现出新意，意趣盎然。例如"酒香也怕巷子深""人多未必力量大""退一步未必海阔天空""三十六计，走为下计"等，都是立意新颖的话题，给人一种标新立异、妙趣横生之感。

- 242 -

参考文献

［1］鲍厚星，崔振华，沈若云等.长沙方言研究［M］.长沙：湖南教育出版社，1999.

［2］鲍厚星.湘方言概要［M］.长沙：湖南师范大学出版社，2006.

［3］鲍厚星，陈晖.湘语的分区（稿）［J］.方言，2005（3）.

［4］陈晖.涟源方言研究［M］.长沙：湖南教育出版社，1999.

［5］陈晖.湘方言语音研究［M］.长沙：湖南师范大学出版社，2006.

［6］陈晖.普通话测试与训练［M］.长沙：湖南大学出版社，2011.

［7］储泽祥.邵阳方言研究［M］.长沙：湖南教育出版社，1998.

［8］崔荣昌.四川方言与巴蜀文化［M］.成都：四川大学出版社，1996.

［9］龚娜.湘方言程度范畴研究［D］.湖南师范大学，2011.

［10］湖南师范学院中文系汉语方言普查组.湖南人怎样学习普通话［M］.长沙：湖南人民出版社，1961.

［11］刘娟，李如龙.衡山方言的轻重音及与其有关的变调［J］.湘潭大学学报（哲学社会科学版），2014（2）.

［12］卢小群.湘语语法研究［M］.北京：中央民族大学出版社，2007.

［13］罗昕如.湘方言词汇研究［M］.长沙：湖南师范大学出版社，2006.

［14］彭建国.湘语音韵历史层次研究［M］.长沙：湖南大学出版社，2010.

［15］彭兰玉.衡阳方言语法研究［M］.北京：中国社会科学出版社，2005.

［16］彭小球，罗昕如.湖南益阳方言 XA 式状态形容词考察［J］.湖南大学学报（哲学社会科学版），2015（4）.

［17］彭泽润.衡山方言研究［M］.长沙：湖南教育出版社，1999.

［18］宋欣桥.普通话语音训练教程［M］.北京：商务印书馆，2004.

［19］王力.广东人怎样学习普通话［M］.北京：文化教育出版社，1956.

［20］王力.江浙人怎样学习普通话［M］.北京：文化教育出版社，1956.

［21］魏钢强.调值的轻声和调类的轻声［J］.方言，2000（1）.

［22］伍云姬.湖南方言的介词［M］.长沙：湖南师范大学出版社，1998.

［23］徐慧.益阳方言语法研究［M］.长沙：湖南教育出版社，2001.

［24］徐世荣.普通话语音常识［M］.北京：语文出版社，1999.

［25］曾毓美.湖南人怎样学习普通话［M］.北京：北京师范大学出版社，1991.

［26］钟奇.长沙话的轻声［J］.方言，2003（3）.

［27］钟奇.株洲话单纯名词轻重格的影响因素［J］.方言，2014（1）.

［28］周政.关于陕南湘方言岛的分布问题——兼论陕南湘语的混合特征［J］.咸阳师范学院学报，2011（1）.